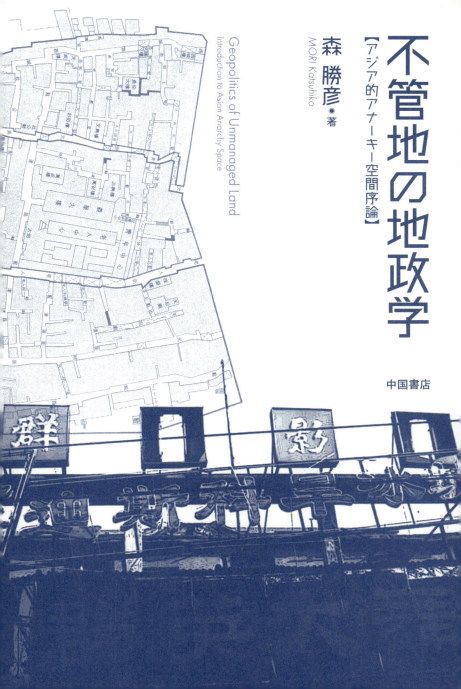

不管地の地政学
【アジア的アナーキー空間序論】

森 勝彦 著
MORI Katsuhiko

Geopolitics of Unmanaged Land
Introduction to Asian Anarchy Space

中国書店

目次

不管地の地政学

【アジア的アナーキー空間序論】

目次 | # 不管地の地政学 【アジア的アナーキー空間序論】

はじめに　4

Ⅰ　境界と不管地　7

Ⅱ　上海越界路空間の不管地性　20

Ⅲ　天津三不管の形成と変容　58

Ⅳ　長春三不管とペスト　100

Ⅴ　韓辺外　119

Ⅵ　香港九龍寨城の不管地空間　137

Ⅶ　ゴールデントライアングル　165

Ⅷ　戦後の横浜中華街の不管地性　184

Ⅸ　横浜本牧の洋楽的アナーキー空間　212

おわりに　243

索引　i（巻末）

コラム

現代中国の不管地　18

外国郵便局の立地　55

老西開　98

卡子　117
チャーズ

東北の金鉱山　135

香港の調景嶺と沙頭角　163

海外の中華系不管地の可能性　182

根岸外国人墓地　210

米軍基地の闇と光　241

はじめに

　フィールド分野の基本視角の一つに景観がある。特に印象に残る景観に出会った場合，その景観が形成された原因，場所や空間との関係などについて調べるきっかけとなる。どのような景観が印象に残り，調べる対象になるかは本来的には個人により様々である。1990年の夏，初めて訪れた九龍寨城は衝撃的であった。このような場所が何故形成されたのか，何故このような統一性のない薄汚れた高層ビルが密集しているのかなど，驚きと同時に疑問百出の経験をした。翌年，天津を訪れる機会があった。観光スポットとなっている南市食品街の周囲に広がった地域は，九龍寨城を横にしたような景観であった。昔は三不管と呼ばれたその場所は，旧中国時代と殆ど変らなかった。

　九龍寨城だけでなく天津三不管をはじめ，中国近代においてこのような行政，統治上の管理があいまい場所が各地に形成されたことを知り，もともとは中国近代の空間，場所，景観の特色の一つとして興味を持って調査し始めたが，このような場所は中国では不管地と呼ばれ古くから形成されてきたことも知ることとなった。近代では租界，租借地が出現し外国勢力が絡んだ不管地が形成されたが，九龍寨城をはじめとする不管地には，帝国，国家，地域，都市の歪みを見つけ出し，そこに秘かにではあるがたくましく，あるいは図々しく管理されない場所を築き上げる中国民衆のパワー，エネルギーが溢れていたように感じられる。

　さらに，不管地は特定の時代，地域に形成されたのではなく近

代以前から形成された以上，世界に冠たる官僚制国家の伝統を引き継いでいる現代中国でも行政境界地帯を中心に不管地が発生しているのではないかという疑問も生じた。同時に，アジア各地の類似した事例との比較，さらに政治的管理から遊離された空間である西欧の「アジール」，日本の「無縁」，「公界」との比較など対象地域，時代を広げる必要性も生じてきた。比較の共通事項は，行政境界地帯など何らかの理由で行政的管理があいまいになった場所で，諸勢力，複数の権益，社会組織，文化集団，文明圏，自然環境などがぶつかり合うところ，それらが移行する漸移地帯，あるいはそれらから完全に遊離された空白地帯という地理的条件を有する地政学的なアナーキー空間である。

　アジアを含むユーラシアレベルで見た場合，複数の政治勢力，文明圏，文化圏，自然環境がぶつかり交錯する場所で発生する可能性があるアナーキー空間はどのようなものであり今後も発生するのだろうか。そこにアジア的特質があるとすれば——アジア的特質に関連するものを仮説的にあげれば，帝国を形成してきた官僚制的諸文明，欧米の植民地・半植民地，華僑・印僑などのディアスポラ，イスラム圏の拡大，アメリカのアジア戦略，中国の一帯一路政策，多様な自然環境など——，それらがどのような形で反映されてきたか，反映されていくのかが基本的な課題となる。

　このような問題意識のもとで，本書では，まず中国および華僑華人が多く居住する中華圏の東アジアの近現代を主な対象として，発生してきたアナーキー空間，即ち中国で伝統的に呼称されてきた不管地を政治的な側面にはじまり多方面から検討していきたい。なお内陸部の省境界などの行政境界も伝統的に管理が困難な地

域であり，清末から民国時期には匪賊，秘密結社などの集団の活動拠点となり，さらに場所によっては共産党の革命根拠地となるなど，政府の管理下にはない不管地が続出した。これらの国内行政境界の不管地については，多くの研究で言及されており[2]，ここでは原則として外国勢力が不管地の形成や変容に大きく関わった事例を取り上げたい。また今後アジア全域に視野を広げるために中華圏とアメリカ圏の接触地点である――本書では横浜――のような場所も取り上げたい。

【注】
（1）文明圏の交錯地帯の特徴については黒崎千晴「文明圏と破砕帯」（1987年，歴史地理学138）1～13頁。
（2）Phil Billingsley *BANDITS IN REPUBLICAN CHINA* Stanford University Press‐1988, 河北文史資料編集部編『近代中国土匪実録』上，中，下巻（1992年，群衆出版社），福本勝清『中国革命を駆け抜けたアウトローたち』（1998年，中公新書），吉尾寛編『民衆反乱と中華圏――新しい中国史像の構築に向けて』（2012年，汲古書院）など。

Ⅰ　境界と不管地[(1)]

　ここではまず，中国において伝統的に形成されてきた不管地と様々な境界との関係についてふれ，近代の不管地との違いについてみたい。不管地とは行政境界の場にあって，境界が不明確であるか，明確であっても実際の行政力が及ばない地帯を指す。関わる行政単位の数により，二不管，三不管，四不管などと呼ばれるが，総称して三不管という場合が多い。また三不管とは，不管地に住み誰の支配も受けない無頼，遊俠等の社会集団をも意味することがある。

　このような場所は当然ながら近代だけに成立したわけではない。広大な帝国を維持するために造られた官僚統治機構は王朝が交替してもほぼ受け継がれ，長期にわたる官僚制国家を築き上げてきた。効率を重んじた官僚統治も，ともすれば建前の統治が先行し，行政境界地帯に対して有効的実質的な統治を機能させることが出来ないことが多かった。このため行政境界地帯では様々な無頼，遊俠の民が滞留し，帝国の力の及ばない空白地帯が生じた。梁山泊に類似した世界は虚構ではなく中国社会の中に古くから存在してきた。

　本書では租界が関係した不管地を中心に取り上げたが，伝統時期を含め行政境界だけで不管地の形成を扱うのではなく，本来的には自然環境，経済圏，文化圏なども含めた総合的な境界の問題の中で取り上げる必要がある。

　ここで中国の地域区分に関する研究で最も代表的な事例をみよ

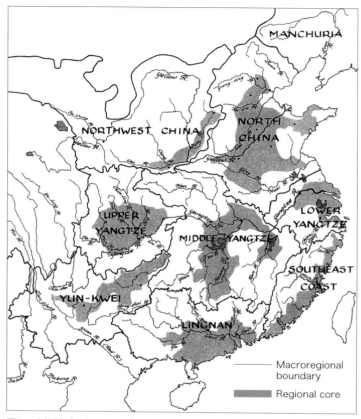

図1　大地域（マクロリージョン）区分図（図1〜4の出典は注1の文献を参照）

う。まずスキナーによる水系を基軸とした経済地理的区分である（図1）。主要河川の集水域をもって大地域(マクロリージョン)とし，さらにその内部に農村市場に至るまでの階層的結節地域の構造を想定した区分は，すでに古典的なモデルとされ，若干の修正がなされつつ広く利用されている。しかし一方では少なからずの批判もなされている。大

Ⅰ 境界と不管地

図2　文化領域区分図

地域を自己完結的存在とし，他の地域との交流を軽視している点が問題とされている。次に大林太良の区分はバックの農業地域区分に方言や鵜飼の分布などを重ね合わせたものである（図2）。スキナー案では登場しない客家の居住地域が提示されるなど地域の独自性は明瞭になるが，「大地域」が集水域の分水嶺で境界が明確にされるスキナー案にくらべて境界は曖昧であり漸移地帯として捉えたほうがよい。以上の二案は地域の捉え方に大きな相違点がある。スキナー案が中心地によりいくつかの地域が統合された結節地域であるのに対し，大林案は同質の事象の切れ目で区切る等質地域である。地域の何を明らかにしようとするのかが異なるが，このような地域区分も固定的ではなく時代により変化する。これには漢族の移住，展開過程や周辺民族の動向が関係する。黄河流

9

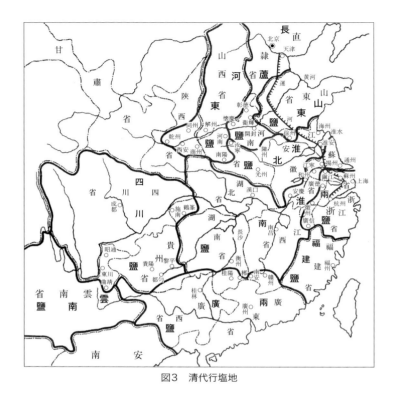

図3　清代行塩地

域から長江流域,周辺地域へ漢族の移住,開発が進むにつれ地域の有り様も変わってくる。上記の二案は長江流域の開発が進んだ宋代以降にあてはまる。

いずれにしても大別すると経済的,文化的指標により地域の境界が存在するが,境界の実態をもう少しみよう。漢族と非漢族,とくに遊牧民族や焼畑民族との居住の境は生態系の境でもある。両者の間には漢化し農耕を営む非漢族が居住する例が多い。農耕を営む漢族居住地域でも畑作と稲作の境界である秦嶺,淮河ライ

ンが存在した。遊牧系民族の進出の生態系の境界であるこのライ
ンは明確な線で区切れるものではなく実質的には移行地帯である。
畑作と稲作の混合地帯であり，ここを支配した政権により土地利用
が小麦畑から稲作水田にめまぐるしく変わった。このように境界地
帯は移行地帯ともいうべき混交地帯であることが多い。このような
移行地帯が明確に境界を引かざるを得ない行政境界と重なる場合，
不安定度が高まり，管理が難しくなりがちで，不管地が形成されや
すい。スキナー案で言えば大地域の境界，例えば広東，江西，湖
南の分水嶺地帯には分水嶺を挟んで客家の居住地域が広がって
いる。客家だけでなく分水嶺を挟んだ山岳地帯には清朝後期から
多数の移住民が流入した。ここは三省交界の地といわれるように
省境と重なっており，統治が困難な地域であった。

　不管地が形成される場所は，地形的には分水嶺のある山岳地帯
だけではない。平野部の行政境界地帯にも不管地は形成されてき
た。例をあげると，国家専売である塩の販売区域である行塩地と
行政区域（省）との不一致が不管地の形成に関与している（図3）。
行塩地が本拠地の省，例えば両浙塩ならば浙江省の省域を越えて
広がっている地域の塩の密売，即ち私塩を取り締まるのは，越えて
広がった地域の省の巡撫や府の道台である。しかしいくら厳重に
取り締まっても本拠地の省の利益になるだけで取り締まった省の利
益にならないので殆ど放任の状態にあるのが通例であった。この
ような地域は私塩業者の巣窟となった。江蘇省の蘇州府，松江府，
安徽省の徽州府，江西省の広信府などが不一致であり，特に河南
省は周辺の省の行塩地に三分割されている。

　このような状況のなかで近代は帝国の統治力の衰退，民国期の

図4　匪賊活動地域（図中グレー部分）

Ⅰ 境界と不管地

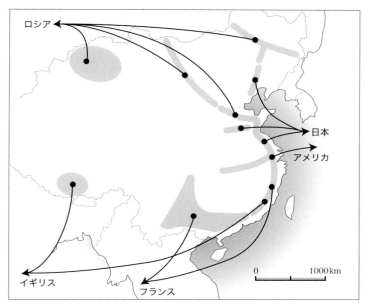

図5　各国の客郵局の分布（1920年）

混乱により伝統的な不管地が形成，再生されると同時に，租界，租借地，鉄道付属地など外国勢力の管理が及ぶ空間が出現したため，中国側との間，あるいは外国勢力相互間に不管地が出現した。伝統的な地域性や行政境界，軍閥などの勢力圏などの上に新たに中国に勢力範囲を広めようとする外国勢力の勢力境界が重層的に形成されたのである。近代の不管地の中で，三省交界などの地方行政境界に形成，再生されたいわば基層の不管地については，前述のごとく農村史や匪賊，軍閥，革命根拠地に関する多くの研究がふれている。図4は民国時期の匪賊の根拠地であり，やはり省交界が多い。本書では，基層の不管地に近いものとして清末の

13

吉林に形成された韓辺外を取り上げるが，その盛衰にはロシア，後に日本が少なからずの関与をしており近代の不管地である。

図5は各国が中国の租界，租借地などに置いた客郵局の分布地域である。その分布の共通点としては，各国の租界，租借地が多い沿海部や長江流域に多い点がある。イギリスを中心として，日本を含む欧米列強の権益が集中した地域である。異なる点は，各国の個別的権益がある地域が存在している点である。各国の植民地や国境に隣接した中国周辺地域ごとにも各国の客郵局が設置された。沿海部，周辺地域ともに，各国の権益拡大が図られ，中国と，あるいは各国との間で摩擦，衝突が発生した。

また，租界，租借地，鉄道付属地はそれ自体が拡張や施設の移転をすることが多かったため中国側との境界は少なくとも1920年代半ばまでは不安定だった。租界の人口増加，都市化を理由として，予備租界，拡大租界などの名目で租界が拡大されただけでなく，競馬場，学校，教会，墓地などの施設が租界外に作られた。これらの施設に行くための道路や電気，水道などのインフラ整備，さらには警備，清掃などの目的で徴税や外国勢力の主権の主張が行われた。

中国側は1919年の五四運動後，これらの動きに次第に抵抗するようになるが，国内情勢の混乱もあり当初は黙認せざるを得ずあいまいな場所が各地に出現した。これらは伝統的な様々な境界とは異なり，突如出現した境界でしかも変動するため様々な混乱を引き起こした。本書で取り上げる事例としては，図5において長春，韓辺外は日本，ロシア，中国がぶつかるところ，天津，上海は欧米列強各国が拠点を置いたが次第に日本の勢力が拡大したところに中

I 境界と不管地

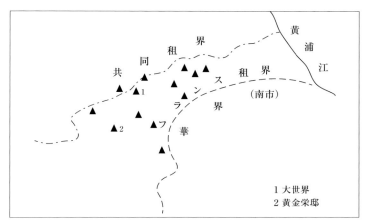

図6 アヘン窟・賭博場の分布（注3参照）

国がぶつかるところ，香港九龍寨城はイギリスと中国，その中国も中華人民共和国と台湾の中華民国がせめぎあうところであった。

　近代の不管地は，この租界と華界，租界と租界の境界付近に発生することが多かった。この事例を上海でみよう。上海のフランス租界の東部は共同租界，華界に挟まれた細い地区で，フランス租界と共同租界，華界との境界が接近した地区であった。ここからは北の共同租界，南の華界に逃げやすいことから，管轄の及びにくさを利用する勢力がはびこった。

　上海は青幇の勢力が強大であったが，その拠点となったのがこの地区の八仙橋付近であった。青幇のボスであった黄金栄が1912年に邸宅を構え，さらにその配下である杜月笙と張嘯林も黄金栄から土地の提供を受けて黄金栄邸から約300ｍ西に私邸を建てた。杜月笙と張嘯林の私邸はフランス租界と共同租界の境界である愛多亞路 Edward VII Avenue に面していたのは偶然ではな

い。この愛多亞路 Edward VII Avenue に面して1917年に東洋一の規模を誇った歓楽施設である大世界が開設されたが，1932年に黄金栄に買収された後は，売春，麻薬など様々な犯罪の巣窟として悪名高い場所となった。1918年，黄金栄，杜月笙，張嘯林らは，三鑫公司というアヘン輸送の保証会社を設立した。共同租界当局がアヘン取締りを強めたため規制の緩いフランス租界で共同租界や華界に近い惟祥里に本部を置いた。1920年代半ばに宝成里に本部を移したが，付近の宝裕里，宝興里，宝安坊，中華里は「三宝一中」とよばれ，20年代から40年代にかけての上海の麻薬吸飲の中心地で，アヘン窟，ブローカー，吸飲具店が集中していた。1931年，杜月笙が開設した上海最大級の賭博場である通称「181号」と呼ばれた席家賭場も共同租界とフランス租界の境界線近くにあり，いずれの摘発からも逃れやすいことが立地の理由であった（図6）。[3]

　近代の不管地は，まず外部との関係において，不管地が属する都市，地域の都市化，産業化，租界・租借地の動向，不管地が関係する中国，外国・租界のそれぞれの政治，軍事，経済状況，それらの国，租界相互の関係の変化，次に内部の人口密度，住民構成，職業構成，インフラ整備，管理への認識などが相互に関わって，時期ごとに特徴があり，それらが景観や空間の構成に大きな影響を与えている。

　租界は中国においては1943年になくなっているが，第二次大戦後も香港では九龍寨城の不管地性が強まった。中華人民共和国成立後は世界に拡大を続けたチャイナタウンで大陸系華僑と台湾系華僑の対立が基底にあり，横浜中華街は戦後の日本の独立前，

16

連合国，大陸系華僑，台湾系華僑の権益が関与した。また中国国境地帯では中国系住民の拡大を基底として，ゴールデントライアングルでは国民党軍，ビルマ政府，タイ政府，ビルマ共産党，少数民族軍などがぶつかりあうところであった。これらは中国国内，国外の情勢により変化したが，現代では中国の様々な形での世界各地への進出の過程で中華系不管地が形成される可能性が出てきた。それは従来の華僑の進出の場所だけでなく，中国と台湾を含む諸外国，諸地域の利害関係，政治力学が絡む場所でもある。特に最近の習近平政権が進める一帯一路政策のもとでの積極的な海外進出は，経済的な要素だけでなく政治的，軍事的な要素も含みこんでいるとみられ，現地政権との間で，あるいは国際関係の中での不安定な場所をつくりかねない兆候がある。

　近現代の不管地は，基本的には国内外の政治，権益，国際関係，管理のパワー，住民・民族の力関係などがぶつかり合う場所であり，自然環境から文明圏までの要素も含みこんだ国際的，民族的な地政学の枠組みでみるのが望ましい。

【注】
(1) 近現代以前の伝統的な不管地に関する研究史も含めたこの章は，拙稿「中国の地域区分論の現状と課題」文化人類学8（1990），「不管地の歴史地理——中国的アナーキー空間の諸相」地域総合研究23－2（1996）を整理した。
(2)『中華郵便局の歴史地理』（拙著，2012年，中国書店）p.70
(3)『上海城区史』下巻（2011年，学林出版社）pp.1185-89より作図。

コラム 　　　　　　　　　　　現代中国の不管地

　中華人民共和国成立後，様々な形でインフォーマルな経済が姿
をあらわしてきた。この経済は隠形経済とも呼ばれフォーマルな公
開経済と共存する形で存在してきた。伝統社会から引き継がれて
きた正規空間と非正規空間に対応するものでもある。改革開放後
は，偽物の生産が各地で発生し，それらの集散市場も形成された。
　「山寨」とは「山のなかの砦」で，政府の統制の及ばない，山賊
やアウトローの隠れる場所を指していた。それが2008年の北京オ
リンピック前後から，コピーや偽物，ゲリラ，非官製，草の根などを
意味する用語として使われるようになった。「山寨」という用語は当
初は，安価な模造品の携帯電話の生産地において使われ始めた
とされる。山寨携帯の主要な生産地は，広東省，とりわけ深圳に
集中している。正規のルートを外れた生産，流通，販売の現場は，
様々な規制がない分，厳しい低価格競争にまきこまれる不安定な
世界だが，需要が急増するようになった携帯電話の市場では，「山
寨」は確実にその存在感を高めていった。山寨携帯の主要な生産
地が経済特区であった深圳であることは，行政管理上の緩和や起
業活動の活発さとの関連が窺われるが，既存の文化，社会に対す
る反発や逃避の特色があった「流氓」「江湖」社会を連想させる
「山寨」という語句が使用されたことに，現代中国でも底流に不管
地的要素が流れているようにみられる。
　実際，「三不管」をタイトルにした記事が，過去から現在まで多
くの新聞，メディアに登場してきた。それらの多くは農山村から大
都市に至るまでの行政境界をはじめとした管轄がぶつかる場所に

生じた流動商販，産業廃棄物の不法投棄，違法伐採，犯罪の発生，徴税範囲の争いなどの様々な問題が，管理の曖昧さゆえに起こったことを報じている。それらは行政境界の調整など管理区分を再確認し管理の責任主体とその責任を明確化することにより解決を図るとしている。世界に冠たる官僚制国家の伝統を現在まで維持し続けてきた中で，隙あらば管理のあいまいな場所を見つけ出そうとする民衆社会の伝統も引き継がれているようにみえる。ただあくまでも生活領域の範囲での問題であり，反体制的な集団の形成などの事態には至っていない。

〔参考文献〕
●黄葦町『中国的隠形経済』鈴木満子訳，毎日新聞社（1996）
●阿甘『中国モノマネ工場——世界ブランドを揺さぶる「山寨革命」の衝撃』日経BP社（2011）
●中国網「区画地名管理」2003/7/17，京報網「四区五街道認領三不管地帯」2017/8/3

II 上海越界路空間

　南京条約により開港場となった沿海部の都市には租界が形成された。中でも上海は開港場都市の中枢的地位を担った。中国の行政力が及ばない租界と外国の行政力が及ばない中国行政界との境界地帯や各国間の租界境界は管理があいまいになりやすい空間であった。上海には英米を中心とした共同租界とフランス租界が形成された。

　また外国勢力の進出拠点となった租界は，次第に拡大した。租界は突然拡大するのではなく，競馬場，学校，教会，墓地などの施設がまず租界外に作られた。これらの施設に行くための道路や電気，水道などのインフラ整備，さらには警備，清掃などの目的で徴税や外国勢力の主権の主張が行われ租界の拡大が行われた。その中軸となったのが租界の外に築造された越界路である。その越界路付近は不管地になりやすい場所であった。越界路について内山完造がその特性を述べている。

　「このエキステンションではなかなか面白いことがある。一人の盗賊が北四川路を逃げている後から工部局の巡査が追いかけている。そのうちに盗賊は横町へ走りこんでしまった。そこらに支那街の巡査の姿が見えなければ盗賊はもうしめたものだ。走るどころか悠々と手を振って歩いてござる。そのはずである。追いかけてきた工部局の巡査は支那街に属するこの横町へは一歩も踏み込むことはできないからである。一歩踏み込んでもそれは国権の侵害となるからである。[1]」

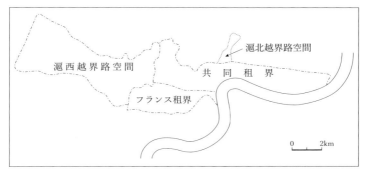

図7　上海の租界と越界路空間

　越界路は租界工部局の警察権の及ぶところで，越界路の後背地や越界路の横町，路地は中国側に属するという微妙な位置づけは様々な問題を引き起こした。そもそも越界路に対して租界工部局の管轄が及ぶこと自体が明確な法的根拠に基づいたことではなかった。越界路，越界路沿いに面する家屋，施設，越界路から離れた場所に飛び地的に位置する租界側の建物，施設，越界路により囲繞された区域をここではまとめて越界路空間とする。この越界路空間は共同租界の北側に滬北越界路空間と共同租界，フランス租界の西側に滬西越界路空間があった（図7）。

　上海の共同租界，フランス租界と中国側の境界に位置する越界路空間は警察権，管理権，国権が複雑に交錯するあいまいな場所，すなわち不管地になりやすい場所であった。上海に生きる日本人，イギリス人，フランス人，アメリカ人，イギリス人，ロシア人，朝鮮人，ユダヤ人さらに中国人にとって越界路空間とどのように関わるのか，また越界路空間の特性をどのように生かすのかが，大きな課題となる場合があった。越界路についてはその主権をめぐる1930年代

についての研究以外にはなく全体像がよくわかっていない。[2] 本稿
では，入り乱れた管理はどのようなものであったのか，どのような
景観であったのか，またそれらの境界性，あいまいさはどのように
利用されたのかについて問題の所在をさぐることとしたい。

1. 越界路の形成と管理

　租界外については欧米，日本の主権は本来，越界路の道路沿
いだけのはずであったが，道路から離れた場所に競馬場，教会，
学校，墓地などがつくられ次第に面的にも主権を及ぼそうとしてい
た。越界路の建設に伴い，越界路一帯の行政，徴税，警察権を主
張し，水道や電気などのインフラ整備や警察の配備を共同租界側
は推し進めていった。形の上では租界側の管轄が及ぶのは越界
路だけで，そこから延びる道をはじめ後背地は中国側の管轄のは
ずであった。そこがあいまいとなりかねない状況であったのは，租
界側と中国側の力関係によるところが大きい。租界側は少しでも越
界路を延ばし，いずれ租界に編入しようとした。これに対して中国
側がどのような態度を取ったかについては，次の4期に分けられる。[3]

　越界路は租界拡張の間接的手段であった。即ち，租界の拡張
はその準備段階として越界路の建設，延長が行われることが多か
った。それまでの租界面積の約2倍にあたる土地が新たなる租界
として拡張された1899年における租界の大拡張以降，次第に強く
なってきた中国側の反対により租界の拡張に関する交渉が困難に
なり，租界の拡張に代わる手段として越界路の建設が行われるよう
になった。

(1) 第1期 (1853〜1899)

越界路の発端となったのは1860年から64年にいたる太平天国の乱の部隊の上海攻撃に際し，租界の外国軍隊が敷設した数条の軍用道路が挙げられる。また租界外に建設された競馬場の乗馬道としても建設された。これらの道路に関しては1884年の清仏戦争時，越界路周辺の外国人保護のために租界警察が進出，警察権を及ぼすようになった。この時期に建設された越界路の殆どは1899年の租界の北側，西側への大拡張に際して租界に吸収された。

(2) 第2期 (1900〜1910)

租界外，即ち越界路沿いに住む外国人の数は1899年の租界の拡張により越界路が租界内に吸収されたことにより一時減少するが，1905年には505名に達し以後も増加を続けた。越界路沿いには外国人のみならず中国人も住み始めた。租界と接続している越界路区域では商工業の発展が著しくなった。1899年における租界の大拡張から辛亥革命のこの時期，租界側はさらなる拡張を試みたが，租界のなし崩し的な拡張に危機感を持った中国側が交渉や調停を求め始めなかなか進展しなかった。そのため租界の拡張に代わる手段として越界路の建設が重要性を増した。

中国側から租界側に対して正式な交渉が開始された時期である。滬道の袁樹勛が光緒30（1904）年に工部局が当地の民衆から土地を購入して道路建設をすることを許可した。1899年の租界拡張時，租界側は中国人地主からの土地買収，登記或は道路建設などの便宜を図るため1900年に土地局を創設し，租界外の土地の測量，登記を専門に行うようになり，越界路の建設に積極的に乗

り出した。一方，義和団の乱などの反帝国主義運動の長江流域への波及を阻止するため，列強と華中地方の大官僚，張之洞らの間に「東南互保」が協定されたが，その内容に「保護上海城廂内外章程」があり，そこでは「租界，華界はひとしく新しく各種の築路，堀河の工程を追加する必要性あり」と規定されており，事実上越界路の建設を中国側が公認したことにより，越界路の建設が増加する一因となった。(4)

　ここで問題となったのは増加する越界路の建設，維持費用をどのようにまかなうかであった。そこで1905年，租界側は公共インフラの普及を図りその利用料に税を含めることで越界路に対する徴税を行った。最初は共同租界内で水道事業を行っていた上海自来水公司に越界路の水道事業を行わせ使用者との間に納税義務を含めた契約を交わさせた。さらに水道だけでなく，電気，電話事業にも同様の手法を取り，越界路に対する公共インフラサービスの拡大と徴税権を広げていった。これに付随させて交通の取り締まりを当初の理由とした警察権の拡大も図られた。越界路ができると，クリーク埋立交渉，警察権交渉，衛生問題，徴税問題が発生し，租界拡張の前段階としての越界路の築造については十分な注意を払わなければならいことが中国側に認識され始めた時期である。越界路の建設に関する租界側と中国側の関係では，全体的には交渉や調停により，最終的には租界側の計画が承認されることが多く，越界路が建設されることとなった。しかし，個別の越界路の建設では租界側の一方的，高圧的な姿勢が，上海道台，県政府などに反発を起こさせ，工事の停止，中止となることもあった。特に滬北では1904年閘北工巡総局が創設され，租界側の越界路増設に

対して，一定の歯止めをかけることや，警察権や徴税権についても中国側の権益を守ることが検討されるようになった。しかし越界路においては租界側の巡捕が華界側の巡警を「租界警察権の侵害」で拘留したことに対して双方の間で抗争が発生するなど，越界路の警察権をめぐって紛争が絶えなかった。[5]

(3) 1911～1924

　中国側から租界側に対しては消極的な抗議しかみられなかった時期である。中国側は辛亥革命後の様々な混乱，即ち帝政や内紛，あるいは南北講和に忙しくて，越界路問題にまで手が回らず，消極的な態度であった。その混乱に乗ずる形で，租界側は越界路を大幅に増設した。また1912年，越界路に面する家屋には外国人，中国人を問わず全て租界門標が添付され，また越界路から派出する袋路（行き止まりの路地）については裏門の設置を禁止することにより背後の中国人街との交通を遮断し租界側の警察の支配下に収めた。これに対しては，中国側は度々抗議し，中国警察と租界警察との衝突事件も生じたが，結局，中国側の敗北に終わり，租界側は越界路だけでなく越界路の両側並びにこれから派出する袋路にも租界行政を及ぼすようになった。線的存在であった越界路が面的空間を持つようになった。ただし，この越界路から派生する道路の管轄の問題は，複雑で微妙であった。租界側に関連するすべての国が共通した認識を持っていたわけではない。

　辛亥革命後の混乱の時期は，中国側は租界問題全体に対して強く出られない時期であった。袁世凱は1914年，フランス租界の大幅な拡大を許し，結果としてフランス租界の西部に築造されてい

た越界路は拡大したフランス租界に吸収された。その後，フランス租界が関わった越界路は建設されていない。

(4) 1925〜1937

中国側から越界路の積極的な回収が試みられた時期である。1925年の5・30事件の交渉時にすでに越界路の回収を申し出た。孫傳芳時代に，総辨・丁文江が再度申し出て，警察権の回収が始まった。また越界路による租界拡張の企図を防ぐために，租界の外側を取り巻き，越界路をうがつ全長17キロの中山路を1927年から建設し1930年に完成した。1932年の第一次上海事変による交渉の一時中断の後，国民党の上海特別市政府と工部局との間に，越界路に関する草案が作られた。中国側が越界路を正面から問題としはじめたのは，1927年に国民党政府による上海特別市が設立されてからである。中国側は越界路の警察権，行政権の回収に動き始め，租界側との対立が先鋭化していった。1932年に越界路問題について，租界側は中国側との妥協を図り，越界路の主権を表向きは中国に返還するが実際には警察，行政を中国側と租界側で共同管轄することで合意した。1932年の合意以降，実際の管理方法について協議を開始したが，特に問題となった懸案事項は，基本的に越界路空間が越界路からどれだけ離れた場所まで含むかという問題であった。交渉の結果，越界路空間の範囲を道路から100メートル以内とすることが1935年1月に決定した。これらの交渉，合意についての租界工部局の議決が租界領事団に送られた段階で，日本側の強硬な反対がおこり，警察権，建設，徴税についての日本側の自由な立場への要求が以後も執拗になされた。

交渉は継続されたが，1937年になっても未解決のままであった。

（5）1937〜1943

　1937年8月の第二次上海事変により日本，中国軍が上海周辺で全面対決となった。三か月後，中国軍は全面撤退し上海戦は終了した。租界は「孤島」となった。12月，日本軍は浦東に「上海市大道政府」を設立し，翌年10月に「上海特別市政府」と改称した。1938年，3月に日本軍は南京に「中華民国維新政府」を樹立した。1940年1月「維新政府」は共同租界の呉淞江以北地域と滬西越界路空間の警察権を接収したが，後述するように実質は租界との共同管理であった。3月には汪精衛が南京に「国民政府」を樹立した。1941年12月，太平洋戦争の勃発により租界は日本軍に占領された。そして1943年，汪精衛政権は日本と租界の返還を含む日華協定を締結し，7月にフランス租界，8月に共同租界を接収し越界路，越界路空間の管理のあいまいさも消滅した。

　ここで両越界路空間の基本データをみたい（次ページ：表1）。

　両者を比較すると，滬西越界路空間は滬北越界路空間に比べ約27倍の面積と約10倍の越界路合計距離である。しかし人口は滬北越界路空間が多い。滬北越界路空間が共同租界北部に連坦した市街地が中心であるのに対して，滬西越界路空間は郊外の田園地帯である。租界の工部局への納税外国人では滬北は日本人が最も多く，滬西はイギリス人を中心として欧米人が多い。これは1930年のデータであり，すでに越界路は建設されなくなっている。[6] 道路，橋，排水溝の建設費用は，両者の面積，越界路合計距離の差をみると，滬西では滬北に比べインフラ投資がまだ不十分なとこ

表1　両越界路空間の比較

		滬北越界路空間	滬西越界路空間
越界路の合計距離		6,449 m	68,478 m
越界路による囲繞区域の面積		283 エーカー	7,650 エーカー
外国人人口		5,388人	4,118人
工部局への外国人納税者		595人	598人
外国人納税者の国別人数（10人以上）	イギリス人	99人	369人
	日本人	368人	29人
	ドイツ人	7人	78人
	アメリカ人	13人	45人
	ポルトガル人	58人	0
	ロシア人	11人	18人
	デンマーク人	7人	12人
道路，橋，排水溝の建設費用		400,000両	1,430,000両

ろがみられる。これも都市化の差が反映している。

　以上の越界路空間の展開に関して，滬北越界路空間と滬西越界路空間では時期的な共通性がみられると同時に，その管理の実態，不管地性，景観などで相違点がみられる。それぞれにどのような特徴がみられるかをみたい。

3. 滬北越界路空間の展開

　滬北では1896年，共同租界は虹口の土地を購入し，租界義勇隊の射撃練習場を建設した。1903年に①（図8）江湾路 Kiangwan Road（1,220m），②北四川路 Szechuen Road（North）（2,134m），1904年には黄陸路 Wonglo Road（457m）が建設された。1905年に虹口公園を作った。北四川路もこれにより1906年虹口公園の場

所まで延びた。これからもわかるように，最初の段階では越界路は租界外にある公園，租界警備軍施設，学校，競馬場，宗教施設などへの交通路という名目で作られることが多かった。むしろこれらの施設は越界路を敷設し租界を拡張するために租界外に作られることがあった。1908年には工部局が虹口公園から北四川路に路面電車を開通させたことにより，この道路は大きく発展し，その後南京路，淮海路に次ぐ上海第三の商業街となった。越界路の増加は中国側に危機感を持たせたが，滬北でも抗議するだけの組織だった動きは未だ形成されるまでにはいたっていなかった。

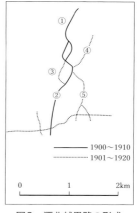

図8　滬北越界路の形成
（番号は文中の路番号）

1911年に辛亥革命が勃発すると，その混乱に乗じて租界側は，赫司克而路 Haskell Road（122m），③寶樂安路 Darroch Road（457m），④施高塔路 Scott Road（508m），1912年に⑤狄思威路北段 Dixwell Road（1128m），白保羅路 Barchet Road（149m）と越界路を続々と建設した。これらのうち，寶樂安路，施高塔路，黄陸路，白保羅路は北四川路から分岐する支線として築かれ，図をみてもわかるように北四川路や江湾路とつながり越界路による囲繞区域を作ろうとした。この越界路による囲繞区域が次の租界編入の候補地である。1917年には歐嘉路 Urga Road（274m）が建設された。これらの越界路の合計は，6,449mである。また囲繞区域の面積は283エーカーであった。

これに対して滬北では閘北を中心として抵抗の機運が高まった。閘北は中国人街地区として商工業が発展していた。そのなかで自治の機運が起こり1912年に閘北市政庁が成立し租界に対抗しようとする動きが始まった。1914年には滬北工巡捐局となり，1925年には上宝両県閘北市公所，1927年には国民党上海市政府の閘北区となる。行政機構は度々改編されたが，自治体制と公共インフラの建設は着実に進んだ。南隣する共同租界及び東隣する滬北越界路に対して中国側の主権回復に努めはじめた。閘北での公共インフラの整備と自治組織の発展は租界拡張や越界路の増加に対する抵抗母体となり，租界側と交渉，抵抗，抗議をする力を持つようになった。[7]滬北における越界路の増加に歯止めをかける効果があった。さらに越界路に対する中国側の様々な主権の回復交渉が成果を出し始めたのは1930年代になってからである。前述のように租界側は電気，水道，電話などの公共インフラサービスを越界路に及ぼす形で越界路の支配を行ってきたが，これに対し中国側でも公共インフラを整備し中国側及び越界路の公共サービスを自ら行おうとする動きがみられるようになった。その中の一つで閘北に1911年に設立された閘北自来水公司が租界の上海自来水公司と交渉の末，多額の銀元を支払い越界路の供水権を獲得したのは1931年であった。なお電力の供給権を買収したのは1947年である。

　北四川路にも市内電車が開通し上海最大の繁華街，ビジネス街である南京路まで直接，行けるようになり，北四川路地区全体の人口増加，都市化がみられるようになったが，中でも日本人が虹口地区から溢れ出すように越界路に居住しはじめた。1920年代，日本の一部大企業が北四川路横浜橋以北，千愛里を中心に多くの社

宅を建築し，学校，病院，書店，劇場，神社など日本的な文化，生活を表す施設を設置した。急増する人口を吸収するための里弄が随所に造られた。里弄には多くの中国人，日本人が住んだ。北四川路北端にあった日本海軍陸戦隊総部は上海における日本勢力の象徴であった。

　滬北越界路空間は北四川路を基本軸として東北方向に市街地が伸びた。北四川路から東西に里弄が築造された。基本的には中層階層の居住地区であり，滬西越界路地区と異なり富裕層の豪邸は少ない。日本人関係の学校，病院，神社などが飛び地的に散在しているのも特徴である。全体として基本的な都市計画があるわけではなく，中国人による自治行政組織により都市計画が実行されていった西隣する閘北地区と好対照である。越界路は当然ながら租界の道路網との連結を第一にしている。しかし越界路が租界側，その背後が中国側という管轄の違いが越界路地区全体としての都市づくりの欠如につながり，中国側の閘北地区との道路網の不連続さ，市街区画の不統一としてあらわれている。

　北四川路地区に日本側の建物，住民が増加するにつれ，共同租界を越えた北四川路地区の不管地性を生かして行動している中国側の人々がいた。これは共同租界，特に日本の影響が強い地区と国民党の支配下にある中国側の両者から逃れなければならない立場の人々であり，抗日左派で主として共産党系の人々である。これらの人々がいつごろ，この付近に集まるようになったのかははっきりしない。滬北越界路空間に西隣する閘北地区が上海における共産党の活動拠点となっていたことも大きいのではないかと思われる。閘北地区は労働者や貧民の町であった。上海駅周辺には，

軍閥同士の内戦からの避難民や上海での職を求める多くの人々が滞留していた。特に棚戸とよばれた貧民層はスラムの劣悪な居住環境の中にいた。棚戸の居住地区は上海の周辺を取り囲む形で環状に分布していた。なかでも閘北地区は第1次上海事変や第2次上海事変で戦場となりその被災した地区にバラック建ての貧民が多く居住するようになった。これらの労働者や貧民層へ浸透する形で共産党の支持基盤が形成されていった。1921年に共産党の労働組合の書記部が，1927年には上海総工会の指揮部が置かれたりするなど中国共産党の上海における活動拠点であった。この閘北に隣接していることも左翼系文化人が滬北越界路空間に集まった原因であろう。

　左翼系文学を出版した創造社（図9の▼）や太陽社（▲），左翼系芸術家たちの拠点であった上海芸術劇社（●）などは北四川路から派生する里弄に立地していた。中国左翼作家連盟（左連）の集会場所の教会があった狄思威路 Dixwell Road（図8）は，北四川路から虹口へと通じていて，一種の治外法権地帯になっていた。言ってみれば，エアーポケットのような無国籍地帯である。表口は中国の警察権が及ばない共同租界であり，裏門は租界の警察権が及ばない中国人街に面しているから，どちらから官憲に踏み込まれても，反対側に逃げることができた。[8]左連の結成準備会が開かれたのは北四川路と寶樂安路が交わる角にあった「公啡咖啡館」（◆）であり，当時越界路沿いに出来はじめた喫茶店が利用されている。1930年3月2日，左連の成立大会が開催された中華芸術大学（■）は寶樂安路 Darroch Road 近くにあった。

　このような反日で左翼系作家の居住，行動を代表しているのが

Ⅱ　上海越界路空間

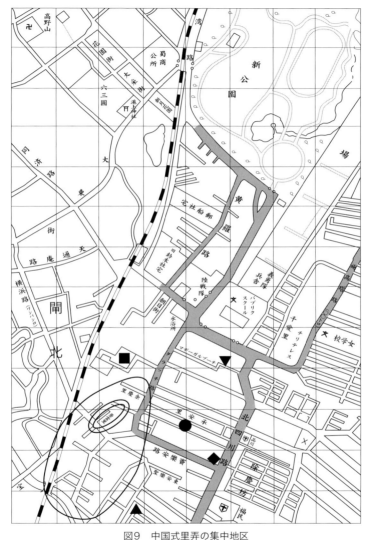

図9　中国式里弄の集中地区
（図中の◯　景雲里◎　▰越界路）

33

魯迅である。魯迅がまず住んだのが景雲里で，ここには1927年10月から1930年5月までいた。既に住んでいた三弟の周建人の紹介で住んだが，まもなく経済的理由で周の家族と一緒の食事を取るようになったことからわかるように決して経済的余裕がある状況ではなかった。景雲里は1925年に建設された3列からなる3階建石庫門里弄住宅である。前後して左翼文化人である茅盾，葉聖陶，柔石らも里弄内に住んだ。景雲里は1911年に建設された越界路の寶樂安路から数十メートルしか離れていず租界側と中国側の管轄の微妙な境界付近にあたっていた。ここに左翼文化人が居住したのはこのことと無関係ではない。北四川路の両側が日本人を中心とした外国人居住地区で，西側でいえば北四川路と寶樂安路の間の地区は日本人が多く住んだ。寶樂安路の西側は滬北越界路空間と自治組織により都市管理が行われつつあった閘北地区との境界にあたっており，行き止まりの袋路である石庫門里弄が数多く建設された（前ページ：図9）。景雲里もそのような里弄の一つである。

　1930年3月，中華芸術大学で中国共産党指導下の革命的文学団体「左連」の結成大会が開催され魯迅は幹部の一人となった。また中国自由運動大同盟に参加し国民党政府から逮捕状が出るまでになった。内山完造の勧めもあり3月19日から4月19日まで内山書店3階の内山完造宅に避難した。国民党特務の尾行がつきはじめたことと隣家の喧騒が原因で4月，景雲里から越界路沿いのラモスアパートA3階4号に内山の紹介で移った。ここの住民は魯迅一家以外，全て日本人で部屋の入口には「内山」の表札が掲げられていた。

　ラモスアパートからは左前方に日本海軍陸戦隊総部が見えてい

た。ここには1930年5月から1933年4月までいた。1931年1月国民党が東方飯店で左翼文化人二十数名を逮捕する竜華事件が起こった。この時はやはり内山の紹介で江湾路近くの花園荘の従業員部屋に一か月余り避難した。1932年1月28日第1次上海事変が起こった。1月30日陸戦隊総部にラモスアパートの方から発砲した者がいるとして日本兵十数名がアパートの各部屋を捜索した。魯迅以外は女子子供だったので兵はすぐ引き揚げたが、魯迅一家以外外国人はいないことから再び発砲事件が発生した場合、嫌疑を逃れないようがないと心配した内山の勧めにより2月共同租界の内山書店中央支店に避難した。一月余りの後、ラモスアパートに戻った。

　1933年4月アパートが北向きで子供の健康に良くないという理由で大陸新村（新邨）130弄9号に移った。同時に狄思威路に書庫を借りた。1934年8月内山書店の中国人店員が国民党特務に逮捕されると魯迅は千愛里の内山宅に避難する。1936年10月日章旗を手にした隣家の子供から魯迅の子供がいじめられることが多くなったという理由でフランス租界に新居を探し始める。その矢先に死去する。以上の行動空間図が図10である。内山書店を中心に半径約300ｍの狭い範囲に魯迅の行動空間は形成されていた。

　魯迅の行動は他の左翼文化人らとともに、越界路の背後、即ち租界管轄地区と華界の境界に位置する景雲里の特性を利用していた。しかし国民党の監視、弾圧が強まるにつれ、越界路沿いのアパートに移り、そこにも危機が及ぶたびに内山の助けで日本旅館、内山書店などに避難し、最後は内山書店に近い越界路の施高塔路沿いの里弄に移った。越界路空間のあいまいさを巧みに利用しながら著作活動を行った。第一次上海事変後は、勢いを増す日本

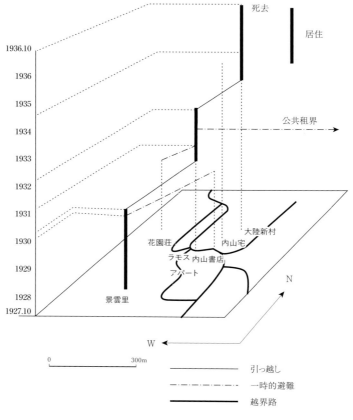

図10 魯迅の行動空間

人との軋轢が増え始め,越界路空間の日本管轄地区からフランス租界への転居を試みるようになった。

　滬北越界路空間は第一次,第二次上海事変後,急増する日本人の支配色が強くなった。西隣する閘北地区での公共インフラの整備と自治組織の発展が租界拡張や越界路の増加に対する抵抗

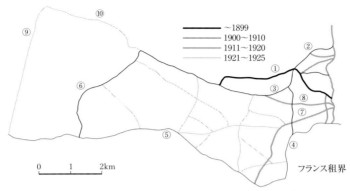

図11　滬西越界路の形成（番号は文中の路番号）

母体となり，滬北における越界路の増加に歯止めをかけたにもかかわらず，日本の管理色が強くなりあいまいな不管地性が弱くなった。第二次上海事変後，左翼系文化人の殆どは滬北越界路空間および上海を離れた。最後に滬北越界路空間を離れようとした魯迅の動きに滬北越界路空間の日本化がよく表れている。

　滬北越界路空間に集まった左翼系文化人には日本留学組が多かった。上海を訪れる日本人作家，思想家，新聞記者と内山書店を介して交流を行いながら日本へ避難することもあった。単なる反国民党，反日本帝国主義活動ならむしろフランス租界が適していた。滬北越界路空間に拠点を置いたのは，交流のあった日本人に，内山をはじめ尾崎秀美，鹿地亘や東亜同文書院出身者等のように彼らの活動に理解を示す者がいたからで，それらの日本人は次第に軍国主義的色彩を強める共同租界の日本人社会から逃れるように滬北越界路空間に身を置いた者が多かった。滬北越界路空間の不管地性の弱体化はそのような日本人たちの活動も衰退させていった。

37

4. 滬西越界路空間の展開

　滬西越界路空間は滬北越界路空間と比較すると広大である。共同租界とフランス租界の西側に広がるこの地域はクリークが縦横に走り，クリークに面した村落が点在する典型的な江南農村であった。ここに上海の越界路で最も早く①（図11）極司非而路 Jessfield Road（2,805 m）が1864年に作られたが1899年に租界が拡大しこれらの地域を租界に編入した。1864年に造られた越界路では共同租界の静安寺地区から西北の曹家渡まで作られた極司非而路が租界の外側に越界路として残った。1900年からその拡大した租界の西側に新たに越界路が造られていった。即ち1900年に②勞勃生路 Robinson Road（西段）（1,601 m），1901年に③白利南路 Brenan Road（5,595 m），④海格路 Avenue Haig（4,085 m），⑤虹橋路 Hungjao Road（9,787 m），⑥羅別根路 Rubicon Road（3,750 m），1905年に憶定盤路 Edinburgh Road（1,631 m），1906年に康腦脱路（西段）Connaught Road（991 m）が建設された。図をみてもわかるように既にこの段階で，白利南路 Brenan Road（5,595 m），海格路 Avenue Haig（4,085 m），虹橋路 Hungjao Road（9,787 m），羅別根路 Rubicon Road（3,750 m）の4つの長大な越界路の建設により滬西の広大な郊外が囲繞区域として囲い込まれた。囲繞区域面積は4,563エーカーであり滬北囲繞区域の約16倍である。

　1911年に辛亥革命が起きるとその後の混乱に乗じて滬北と同様，多くの越界路が建設された。即ち1911年に⑦大西路 Great Western Road（1,372 m）（1922年に西に延伸した（3,689 m），檳榔路 Penang Road 西段（1,601 m），星加坡路 Singapore Road（915 m），

1912年に⑧愚園路 Yu Yuen Road（2,378m），華倫路或霍必蘭路
Warren Road（2,011m），地豊路 Tifong Road（991m）が建設され
た。1920年前後には滬北では越界路の増設はなくなっていた。こ
れには前述のように閘北での自治組織と商工団体の活動を母体と
した公共サービスの拡大による越界路建設反対の活動が滬北での
これ以上の越界路の増加，延長を防いでいたという側面もあった。
しかしその取り組みが弱かった滬西では越界路の増設，延長に歯
止めをかけることができなかった。

　即ち1921年に 静安寺路（Bubbling Well Road）西端（503m），
1923年に開納路 Kinnear Road（595m）が建設された。1924年，
1925年に発生した第一次，第二次江浙戦争に乗じて工部局は滬
西で大量の越界路の建設を行った。1925年に安和寺路 Avenue
Amherest（1,448m），惇信路 Tunsin Road（1,241m），哥倫比亞路
Columbia Road（1,787m），林肯路 Lincoln Avenue（4,186m），法
磊斯路 Fraser Road（692m），佑尼幹路 Jernigan Road（871m），喬
敦路 Jordan Road（1,497m），凱斯威克路 Keswick Road（2,655m），
麥克路或麥克利奧［勞］路 Macleod Avenue（1,817m），⑨碑坊
路 Monument Road（4,024m），膠州路 Kiaochow Road（323m），
⑩比亞士路 Pearce Road（3,628m）が続々と建設された。碑坊路
Monument Road（4,024m）と比亞士路（3,628m）によりさらに西方
に囲繞区域2,477エーカーが拡大した。また1901年に囲繞された
区域に各越界路を連絡する新たな越界路が東西，南北に建設され
たことがわかる。1925年に起こった5・30事件の背景にはこのように
滬西で越界路が続々と建設され囲繞区域が広大になったことがある
とみられる。越界路合計で68,478mになり，これは滬北越界路空

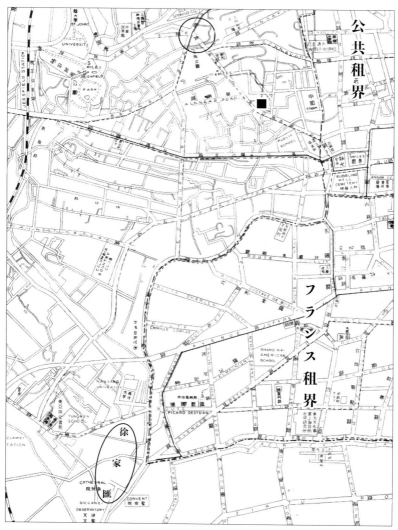

（上の○が曹家渡　──市内電車　……バス　■ジェスフィールド76号）
図12　滬西越界路地区

間の越界路合計の約10倍の長さである。囲繞区域は7,650エーカーで滬北の約27倍の広さとなった。

滬西越界路空間の越界路は基本的には公共租界から西へ延びてバス路線や市内電車が租界から延

図13 虹橋路沿いの西洋式家屋（出典は図14と同じ）

びた。主要な越界路である極司非而路，愚園路，大西路は公共租界の静安寺の外国人墓地付近から放射状に延びている。公共租界の西端には越界路に水を提供した水道会社がみられる。フランス租界は滬西南部の徐家匯地区（図12）に越界路を延ばしており，そこのカトリック教会施設に対して管理権を主張していた。徐光啓ゆかりの地にフランスのイエズス会は天主堂，修道院，学校，孤児院，博物院，気象台など多くの宗教，教育，科学関係施設を建てた。フランス租界の周囲を廻る徐家匯路は，この徐家匯に上海県城西門から延びて建設されたフランス租界最初の越界路であった。

虹橋路には日本の中国調査研究機関である東亜同文書院があった。極司非而路は曹家渡からさらに西延し1914年工部局によりジェスフィールド公園が造られた。1912年に造られた愚園路にも市内電車の路線が公共租界から伸びた。これらの越界路沿いには欧米や中国の富豪の豪邸が建設されていった（図13）。その一方で，蘇州河畔には紡績業を中心とする内外の工場が数多く立地し，そこで働く労働者も数多く居住するようになり，商業も盛んとなった。極司非而路に共同租界から延びた勞勃生路が交わった地

点は明代から集落化していた曹家渡である。勞勃生路の蘇州河に近い沿道は日本をはじめ外国，中国の紡績工場が立地した。勞勃生路には公共租界から電車路線が伸びていることからもわかるように勞勃生路沿道は工場，労働者居住地帯である。曹家渡には幾つかの越界路が集まり，その交差点にはロータリーが形成され滬西越界路空間での早期の商業中心地となった（図12）。

　第一次，第二次上海事変で被災した滬北越界路空間の中国人たちや戦乱を避けてきた江南の住民たちが数多く租界と同様，滬西越界路空間にも流入してきた。また農村から流入する貧民たちのスラムも形成され，滬北越界路空間と比較すると多様な社会層が混住する地区となった。第一次，第二次上海事変で被災した租界東部，北部の工場地帯に代わって滬西越界路空間に数多くの工場が新設された。1938年にはこの一年で設立された工場は大小，940に達し，労働者は5万8650人に達した。[10]

　滬西越界路空間には工部局電気処が電力を供給していた。無論，その使用料金に越界路に対する税が含まれていた。滬西越界路空間には越界路は28本あったが，1928年にはその内，22本に電力供給をしていた。1927年当時，越界路で工部局電気処から電力の供給を受けていたものは2,000軒余りに達し，税金は20,000両余りに達していた。上海市公用局は，かかる状況は利益の損失だけでなく主権の侵害であると認識し，華界にあった閘北・華商電気公司に工部局電気処と競争させ越界路の越境電気供給権を回復しようとした。しかし両公司は工部局電気処と競争するだけの資金力，意欲に乏しかったため，公用局が工部局電気処と様々な交渉を行ったが，結局，越境電気供給権の回復には至らな

かった。[11]

　滬西越界路空間は滬北越界路空間と同様，越界路は租界との連絡を第一に建設された。越界路が租界側，その背後は中国側という管轄の分裂は滬北越界路空間以上に都市計画の全体的な未統一をもたらしている。越界路の背後には多数のクリークが存在し，越界路はそれらのクリークを分断した。滬西越界路空間では越界路沿いには，各国の富豪の豪邸，別荘などが続々と建設された。一方，統一的な都市計画の欠如は，豪邸，別荘と特に第一次，第二次上海事変後，前述のように急増した染物，紡織，皮革工場やそこで働く労働者，農村部から流入する貧民の住むスラム，棚戸の計画的配置がなされることがなく，無秩序に入り混じって存在する結果を生み出した（次頁：図14）。

　管轄の面でも複雑な性格を有していた。滬北越界路空間の管轄の問題が中国と共同租界側では主として日本とだけであったのに対して，滬西越界路空間は共同租界からイタリア，イギリスの警備地区であったのに加え，フランス租界の西側でもあったからフランスの権益，さらに第二次上海事変以降は日本の憲兵分隊も置かれ，越界路の外側の中国の管轄が加わり，複雑な管轄状況となっていた。この滬西憲兵分隊を設立した上海憲兵隊大尉の塚本誠によると「上海が陥落すると上海市政府の機関であるこの地区の警察等は兵隊とともに逃げたため，ここがまったく無警備，無行政のままで放り出され，このまま放置すれば，どんなきっかけで両租界当局に接収されてしまうかわからない。また米，伊，仏各国軍隊の警備地区と接している関係で，これらの干渉を受けることも予想される。そこで私はこの地区をまず憲兵の手で接収しようと考え，独断で特

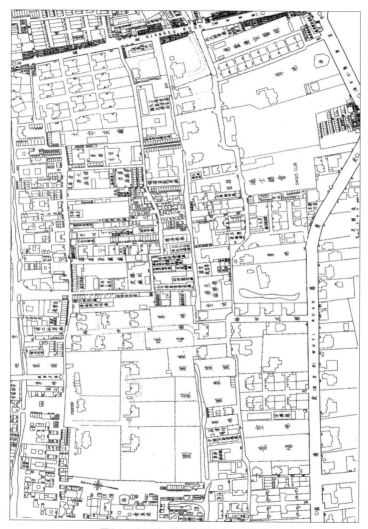

図14 大西路, 愓信路沿道の住宅地図
(『上海市行号路図録』下冊 1949, 図16も同じ)

高課の憲兵下士官に愚園路75号にある中国銀行系の建物を接収して「滬西憲兵分隊」という標札をかけさせ，そこに補助憲兵を含む十三，四名の特高課憲兵を駐屯させた。」とある。[12] 第二次上海事変以前，滬西越界路地区には中国側の上海市政府の警察が越界路以外の土地の管轄のため存在していたが，事変以後，上海の中国側地域を日本軍が占領するとともに警察は逃亡したため，このまま放置すれば共同租界，フランス租界に完全に接収されてしまうことを恐れた日本軍はここに憲兵分隊を置き，日本側の警察権も及ぶようにしたのである。

　ここで1937年の第二次上海事件の発端となった大山中尉事件にも滬西越界路が大きく関わっている。[13] 大山中尉事件とは，1937年の8月9日，上海海軍特別陸戦隊中隊長の大山勇夫海軍中尉が運転手の斎藤一等水兵とともに滬西越界路空間の碑坊路 Monument Road で中国保安隊に殺害された事件である。7月7日の盧溝橋事件以来，日中間では緊張状態が続いており，その改善のため上海で閣僚級会談が行われていた。滬北越界路空間には海軍陸戦隊が警備を固め，上海周辺には中国保安隊が勢力を強めつつあった。そのような状況の中で，大山中尉は「偵察」の名目で軍用車で軍服を着て滬西越界路空間に出かけ虹橋路を通り碑坊路に入ったところで保安隊からの銃撃を受けた。この事件を報じた『東京朝日新聞』の1937年8月11日付夕刊に「大山事件の真相を聴く」と題して上海支局長の話を載せている。[14]

　「虐殺の現場は非常に大切な問題なんですが，それはフランス租界のエキステンションで，何処の国の人でも自由に通行の出来る街道なんです。もう一つそこはこの前の上海事変のときの停戦協

定で軍隊なんかを駐在させることは出来ないのです。それでそういうフランス租界のエキステンションであり，停戦協定の区域に土壌を築いたり，鉄条網を作ったり，明白に停戦協定違反をやっているんです。そう云う点から見ても，支那保安隊の計画的犯行と云うことが判るのです。」として，基本的には日本海軍側の発表，主張に立った解説を行っている。ここに越界路が有していた特性，即ち越界路は租界工部局の警察権の及ぶところで，越界路の後背地や越界路の横町，路地は中国側に属するという性格が問題を複雑化している。

1937年の第二次上海事変後，上海の共同租界，フランス租界以外の中国地区を日本が占領するにつれ，北四川路は実質的に日本占領下に置かれ，その不管地性は消滅した。それに代わって著名になったのが，フランス租界の西側に形成されてきた滬西越界路空間である。12月，日本軍は浦東に「上海市大道政府」を設立し，翌年10月に「上海特別市政府」と改称した。1938年，3月に日本軍は南京に「中華民国維新政府」を樹立した。滬西越界路空間の中国側主権は「中華民国維新政府」での「上海特別市政府」が持つことになったが，日本軍の傀儡政府であったので滬西越界路空間に対する日本の影響が強くなった。一方，租界内で抗日テロが多発するようになった。1938年，租界内で八十件以上の抗日テロが行われたという。テロの対象となったのは日中の要人で，特に親日派，知日派とよばれた政治家，軍人などである。実行したのは重慶の国民党系の「CC団」，「藍衣社」が中心である。

1938年末に設立された「ジェスフィールド76号」（図12の■）は多発する抗日テロに対して日本軍の後ろ盾で成立した抗日組織の

Ⅱ　上海越界路空間

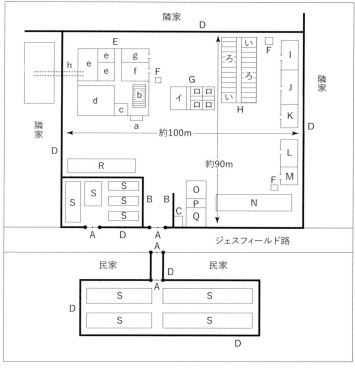

76号見取図

A 鉄門
B コンクリート製トーチカ
C 望楼
D コンクリート造高堀
E 本屋（一階間取）
　a 玄関
　b 階段
　c 手洗
　d 会議室
　e 事務室
　f 食堂
　g 厨房
　h 地下非常口
F 無電鉄塔（20m）
G 中島少尉の住んだ平洋房
H イ 応接室　ロ 居室
　　い 檻守詰所　ろ 檻房
I 留置場
J 無電室
K 暗号解読室
L 情報室
M 兵器修理室
N 印刷所
O 兵舎
P 衛生所
Q 鑑識室
R 兵器倉庫
S 車庫
　宿舎

図15　「ジェスフィールド76号」跡地（1947）

47

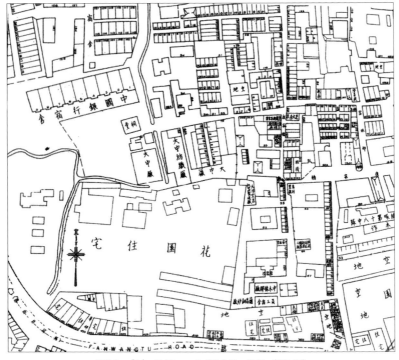

図16 「ジェスフィールド16号」跡地（1947）

弾圧を行う特務工作機関である。拠点の場所は滬西越界路空間のなかでも日本軍にとって都合の良いイタリア警備区域の極司非而路 Jessfield Road ジェスフィールド路の76号である。[15] 米英仏との不必要な争いは避けたい日本としては，抗日テロが頻発する租界内に直接関与しないでコントロールすることが必要であった。そのためには租界外の滬西越界路空間であること，さらにその中の日本に好意的なイタリア軍警備地区であることが必要であった。

48

拠点はあいまいな場所である越界路にあっても，租界内での抗日テロに対して直接は手を出しにくかった。このときに抗日組織の弾圧に協力したのが上海憲兵隊であった。「ジェスフィールド76号」の西隣に憲兵分隊があった。「ジェスフィールド76号」の立地には憲兵分隊の隣りが好都合であった。越界路に面した住宅家屋に犯人が逃げ込んだ場合は租界警察の権限範囲であるが，その場所に何らかの理由で日本軍憲兵がいた場合，犯人の始末は憲兵隊に一任することになっていた。租界警察と日本憲兵隊が滬西越界路で協力関係であることにより「ジェスフィールド76号」の関係者は滬西の越界路の家屋に逃げ込めた。

　「ジェスフィールド76号」は重慶国民政府の陳調元大将の極司非而路に面した私邸を接収したもので，堅固なコンクリートの高塀に囲まれた広大な敷地の中に本部，留置場，兵舎，無電室，暗号解読室，無電鉄塔などが点在しており要塞化していた（図15）。図16の左側の花園住宅が1947年当時の「ジェスフィールド76号」の跡地である。花園住宅の西隣が上海憲兵隊分隊が使用した屋敷である。

　特務工作のリーダーの李子群と丁黙邨も本館に住んでいた。重慶国民政府側と死闘する彼らが居住できるのは越界路にあるが裏側では日本の管理下にある場所しかなかった。「ジェスフィールド76号」は租界内の抗日テロ組織を弾圧するための機関であり租界内には立地しづらいが，かといって日本軍の占領下におかれた華界に置くのも日本軍の傀儡組織であることを隠す意味でも不都合であった。そのために管轄があいまいな滬西越界路空間に置くのがよかったのである。

「ジェスフィールド76号」は日本の上海憲兵隊と裏側では密接な関係があった。1939年上海憲兵隊は「維新政府」の「上海特別市政府」警察局に命じて警察官200名を滬西越界路空間に派出して警察権の回収を図らせ始めた。「維新政府」の存在を認めていない租界側との間で警察権をめぐる争いが滬西越界路空間で頻発した。租界側は1930年代に「国民政府」との間で行った合意については「維新政府」では無効であるとしたため両者の間で協議のやり直しが行われ，1940年1月両者は暫定の取決めに合意した。滬西越界路空間に「特別警察隊」を設置し，その中の一部の職員や外国人が多大な財産を有する区域の警察署長，職員は工部局の推薦した者の中からを「上海特別市政府」が任命すること，外国人が関係した犯罪は工部局が推薦する候補者の中から「上海特別市政府」が任命した警察官が処理することなど，工部局側の警察権も認めた形となり共同管理ともいえるが，越界路本体の警察権がどちらにあるかが不明確な不管地となってしまうこととなった。

1938年に成立した「維新政府」や「上海特別市政府」の時期に滬西越界路空間には多くの賭博場が設立された。賭博場からあがる売上の一部は「中華民国維新政府」や「上海特別市政府」の重要な財源となった。愚園路に面した好莱塢（ハリッド）賭博場は規模も大きく有名であった。愚園路は豪邸，別荘が並ぶ静かな郊外の高級住宅地であったが，取り締まりを厳しくした租界側から多くの賭博場が立地するようになった。複数の越界路が集まっていた商業中心地の曹家渡にも多くの賭博場が開業した。「ジェスフィールド76号」の経済基盤も賭博場にあった。1940年3月には汪精衛が南京に「国民政府」を樹立したが，これらの賭博場は「国

民政府」のもとでもその重要な財源となった。賭博場のほかにアヘン販売所も多く開業した。

　滬西越界路空間の不管地性が強くなったのは第二次上海事変以降である。その不管地性を巧みに利用したのは「維新政府」や汪精衛の「国民政府」であるが，その背後には日本の上海憲兵隊，特務機関がおり，上海支配の隠れ蓑に利用した。以前は越界路の背後で秘密的に営業していた賭博場，アヘン販売所も第二次上海事変以後は越界路に堂々と営業するようになった。このような不管地性に基づいた謀略的，退廃的な滬西越界路空間は，当時「夕土」と称された。[18]

▌結びに

　越界路，およびその沿道上の土地，家屋についての管理，主権をめぐる租界側と中国側との軋轢は長期にわたる交渉の結果，いくつかの点で合意に達したが，警察権は共同管理，電力供給権は租界側，水供給権は滬北では中国側というように全体として不統一のまま太平洋戦争に突入した。越界路の主権回復に対する中国側の努力の成果も一部実ったが，越界路への租界側の管理の優位性を崩すまでには至らず，越界路，およびその沿道上の空間の所属の不管地性はなくならなかった。また時期を追うごとに陰に陽に日本の関わりあいが目立ってきた。越界路の管理問題について，租界側と軌を一にして中国側と対立したかと思うと，第二次上海事変以降は自らが設立にかかわった「維新政府」「国民党政府」と立場を同じくして租界側と対立するなど，御都合主義が目立

つ。そのような越界路空間に身を置き，その不管地性を利用しあるいは利用された人々がいた。

上海では共同租界とフランス租界，それらと華界との間に秘密結社の活動拠点が置かれ管轄の違いを利用した不管地的状況がみられた。だが不管地性が明確に表れたのは越界路空間であり，北部は中日両国の左派系文化人の活動拠点となり，西部は租界での取締りを逃れた賭博，アヘン関係の業者や日本などの特務機関の活動が目立つ。また棚戸などの流民，難民の流入場所でもあった。中国側は租界の回収に先立つものとして，警察，水道，電気などの管理権を確立することで越界路空間の回収を試みたが不十分に終わった。上海の越界路空間は，近代の中華圏の中では非合法的要素，アジール的要素ともに最も大きく様々な事件の舞台ともなった不管地であったといえる。

現在，滬北越界路空間の旧寶樂安路 Darroch Road（457 m）は多倫路となり，多倫路文化名人街として，1920～30年代を意識した街づくりが行われている。

図9にあるようにL字型の約500 m の街路の周辺にあった中国左翼作家連盟関係の施設，建物や薛公館のような1920～30年代に建立された洋館を保存修復し，カフェ，骨董品店などに再利用した街並みとなっている。また滬西越界路空間では徐家匯周辺が教会施設や洋館などを歴史的景観として活かしつつ上海西部の商業中心地として発展している。虹橋路周辺には上海在住の日本人居住地区が形成されている。

上海の越界路空間についてはまだ未解明な部分も多く，越界路空間における租界側，租界を構成する各国の空間認識，都市計画

観と中国側との衝突，妥協，交流などの諸相，様々な社会層の越界路空間への関わり方を中心に，主だった越界路が持つ特徴，その周辺で展開した物語，近代の歴史的景観の現代への生かし方などは今後も検討課題としていきたい。

【注】
(1) 内山完造『上海漫語』改造社（1938）p.50
(2) 1930年代の越界路問題については，村田省一「1930年代における上海越界築路の画定と徴税問題について」『20世紀中国の社会システム』京大人文研（2009），同「南京国民政府時代における上海租界越界築路地域の主権問題について——警察権問題を中心に」緒方康編『1930年代と接触空間——ディアスポラの思想と文学』双文社出版（2008），越界路空間への電力供給問題については，王樹槐著，山腰敏寛，星野多佳子，金丸裕一訳『上海電力産業史の研究』ゆまに書房（2010）
(3) 主として植田捷雄『支那租界論』春明堂（1934），前掲2の文献を参考とした。
(4) 高橋孝助，古厩忠夫編『上海史』東方書店（1995）pp.41-42
(5) 夏東元主編『二十世紀上海大博覧会』文匯出版社 p.102
(6)『フィータム報告：上海行政調査報告』満鉄調査課（1932）pp.187-188, pp.235-239,『上海市年鑑』（1935）pp.5-6
(7) 閘北での自治組織，公共インフラの整備については張笑川『近代閘北居民社会生活』上海辞書出版社（2009）
(8) 太田尚樹『伝説の日中文化サロン 上海・内山書店』平凡社新書（2008）p.118
(9) 以下の魯迅の生活状況については『魯迅全集 日記1, 2』巻17, 18 学研（1985），各種施設，家屋の位置については木之内誠編『上海歴史ガイドマップ』大修館書店（1999）
(10)「工部局年報 1938年」
(11) 前掲2の王樹槐著

（12）塚本誠『ある情報将校の記録』中央公論社（1998）p.229

（13）大山中尉事件の背景，特に海軍の関与を重視する立場として笠原
十九司『海軍の日中戦争——アジア太平洋戦争への自滅のシナリオ』
平凡社（2015〉がある。

（14）前掲13の笠原十九司文献 pp.85-86所収

（15）「ジェスフィールド76号」については，その設立に関わった当時参
謀本部支那課の晴気慶胤『上海テロ工作』毎日新聞社（1980）

（16）史梅定主編『上海租界志』上海社会科学院出版社（2001）
pp.277-278

（17）蘇智良編『上海城区史』上冊，学林出版社（2011）pp.681-687

（18）「歹土」については，Frederic E.Wakeman Jr. *THE SHANGHAI BADLANDS* Cambridge u.p.（1996）

外国郵便局の立地問題

　本文でも触れたように,開港場都市では租界や越界路から離れた場所に競馬場,教会,学校,墓地などがつくられ次第に面的にも主権を及ぼそうとしていた。中国側は警戒していたが,それらの施設が生活面に限られた性格を持っている範囲内であれば黙認していた。ただそれらが政府,軍事関係施設になると中国側も厳重に抗議した。租界回収運動が起こるにつれ,租界外にそのような施設を立地させる場合は列強側には慎重な検討が必要となった。その事例を日本の客郵局の立地問題から見てみよう。

　日本を含め外国の郵便局,即ち中国側の呼称では客郵局はどこでも随意に立地できたのではない。その立地は原則的に租借地内に限定されていた。ただし東清鉄道や南満洲鉄道にはそれぞれロシア,日本の付属地があり,ロシア,日本の郵便局が立地していた。租借地外や付属地外への設置は条約違反である。1876年に在中国最初の日本局が上海の日本領事館内に設けられた。これは共同租界内であるが,1918年北四川路に在留邦人の増加に対応するという名目で「郵便受取所」が設置された。1918年6月14日の逓信省通信局長中川健蔵から外務省政務局長小幡酉吉あてに「在留邦人の増加により,北四川路中の適当な場所（例えば福徳里又は大徳里）に,中国側に対し内密に我郵便受取所を設置することがよい」とある（外3757号）。7月9日の上海総領事有吉明から外務大臣後藤新平あてには,「中国側に対し必ずしも之を内密とする必要はないのではないか」とあり,その理由として「北四川路の跑子路以北は租界道路（Municipal Council Road）であり,これ

を租界のエキステンションと称し，その路における行政権，特に警察権は全く共同租界に属し，また，その沿路の街屋に対しても或程度の行政権が行われる」とある（機密第56号）。北四川路沿いの街屋は，所謂，越界路沿いにあたり共同租界と実質は同じであるから問題なしとしている。しかし候補地とあがっている福徳里，大徳里は「所謂租界のエキステンションに属する北四川路に沿はず之と交叉分岐する小巷であり行政上，エキステンションと関係を異にし中国官憲の管轄に属するゆえ我郵便事務遂行上不適当」（機密第56号）であるという認識が示された。

　当時の地図で確認する限り，少なくとも大徳里は越界路である北四川路から派出した袋路であり1912年の取決めでは越界路の租界権益が及ぶ道路である。この点については領事館や外務省側にそのような認識がなかったためであったのかどうかは不明である。最終的には北四川路沿いの地点に設置されたが，中国側と徒に紛争を構えたくない領事館，外務省の認識が立地場所の慎重な選定につながった。越界路空間では，このような越界路から派出する道路—それが袋路であるかどうかは別にして—が，管理，所属があいまいとなりやすい場所の一つであった。

　それでは租界の外に外国政府関連や外国の公的施設を立地させたい場合はどうするか。通信・郵便の分野では外国の秘密通信機関が中国に設置されていた。日本は秘密郵便局を租界や満鉄付属地の外側や日本租界のない都市に設置した。秘密局は鉄道施設や日本人経営の商店に秘密裏に設置された。ワシントン条約により中国国内の客郵局は撤廃させられたが，満洲を中心としてこれらの秘密局は関東軍の影響下のもとで残存した。

〔参考文献〕

●拙著『中華郵便局の歴史地理』中国書店（2012）pp.165-194

III　天津三不管の形成と都市化

　中国の近代開港場都市は大別すると租界地区と華界地区から成り立っている。さらに、租界が共同租界であるか、各国別の租界が中心であるか、華界が開港以前からの県城を中心とするか、新たに建設された新都心地区との二重構造から構成されているかなど、幾つかの類型がある。

　租界と華界、さらに各租界ごとに、行政・統治機構が異なることから都市計画や都市基盤の建設、整備などで統一性を欠き、利害が対立することが多かった。都市景観もモザイクのように異なっていた。租界の占める割合が高かった上海、天津、大連などのような都市ほどその影響は大きく、新中国成立後も多くの課題を残した。また租界と華界、各租界の境界地帯が多く形成され、管轄が及びにくい事を利用して秘密結社などの黒社会の拠点やスラム地区となりやすかった。所謂、不管地が多く形成されたのも開港場都市の特徴である。

　そのうち租界と華界の境界地帯は、租界にあった多くの工場が移転し煤煙や河川の水質が悪化したり、湿地帯など居住環境の悪いところにはスラムが形成されるなど、開港場都市の都市化に伴う諸問題が集積しやすい地域であった。上海の租界周辺に形成された棚戸地区がこの典型である。このようなインフォーマルセクターには、多くの無業遊民が流れ込み不管地となりやすかった。

　また一方、租界は隣接する華界を吸収し拡大する傾向があり、その予備的段階として越界路が建設されその管理権が問題となる

例が発生した。先に見た上海越界路空間がその典型例である。また予備的租界となり，文字通り将来の租界への編入が予定された地域も出現した。このような地域は，租界と華界の力関係や都市構造の中の立地上の影響により，スラム的要素だけでなく様々な性格を持ち，またそれぞれの課題を抱えていた。租界と華界の境界地帯の性格，課題を，政治，社会状況との関連のなかで場所性として捉えると，その場所性はどのようなものであったか，この地域的事例として天津三不管をとりあげたい。[1]

　天津では増加する流入人口のための生活環境整備はほとんどなされず，下層民や黒社会の拠点が形成され，官憲の管理が及びにくい不管地が形成された。その中で，租界周辺の華界に形成された不管地に三不管，地道外，謙徳荘があった。この中で最も早期に形成されたのが三不管である。三不管は旧県城と日本，フランス租界の間で旧県城の南門外の郊外地域にあたる。ここは日本の予備租界であった。三不管という名称は，日本租界，フランス租界，華界の三者の境界地区にあり一時期いずれの管轄も及びにくかったことに由来するとされている。

　三不管については天津の都市史に関する先行研究で，天津の発展の中で賭博場，阿片窟，妓院などを中心とした娯楽サービス業地区として繁栄したことが指摘されている。[2]場所性の中の立地的，機能的側面は明らかにされつつあるが，形態との関連はどうであったのか，都市化につれどのような課題があったのか，「予備租界」である三不管は何故，日本租界に吸収されなかったか等の点が明らかにされていない。

　これらの点を三不管の形成，都市化過程の中で検討したい。対

象時期としては，三不管が成立した1900年代から1945前後までを対象時期としてとりあげたい。時期区分としては華界の都市行政の主体の変化によって①清末時期の1900年から1911年まで②中華民国の北洋政府時期の1912年から1927年までの時期③南京国民政府時期の1928年から1937年までの時期④日本占領下の1938年から1945年までの時期である。各時期に発行された天津に関する都市誌，案内書，地図の他，『大公報』の新聞記事を主要な資料として使用したい。

なお三不管は南市と呼称されることも多く，その地理的範囲にも時期により変動がみられるが，市街化が予備租界全域に進展するにつれ，両者はほぼ同一地域を指すようになったとみられる。ここでは資料に記載されている場合はそのままとし，それ以外は予備租界全域を指す場合は三不管，市街化した部分だけを指す場合は南市の呼称を用いる。

1. 1900年代

天津三不管の地は，海河の後背湿地であり城南窪といわれた広大な湿地帯であった。城南窪に隣接して日本租界があった。1896日清戦争後の下関条約で日本は天津，上海，アモイ，漢口に専管居留地，即ち租界を置くことが認められた。1898年，天津における日本の専管租界と予備租界の場所，範囲が確定した。日本租界はフランス租界の北西隣で1667畝，予備租界は二ヶ所あり，一つはドイツ租界の南の小劉荘と，もう一つは専管租界の北に隣接する海河沿いの地域であった。

III　天津三不管の形成と都市化

　1900年に起こった義和団の乱は，天津の古くからの商業中心地であった針市街や侯家后など破壊した。1901年からの復興は旧城の南方へ舞台を移した。天津県城の城壁が取り壊され，そのレンガで住宅を建てるなど一部には宅地化も進展したが，大部分は湿地帯のままであった。蘆荘子から閘口街にかけての約400畝一帯の城廂南部に露天市場が形成され始めた。芸人，商販，卜卦などの露天商が多数集まるようになった。露天市場は南関市場と呼ばれたことから略して南市と称するようになった。

　ただしこの南市一帯は，義和団の乱後，日本が一方的に拡張租界とした地域に含まれていた。即ち1900年，義和団の乱で八カ国連合軍が天津を占領している時，日本は他国と共に租界拡張を図った。旧城南東部から旧城南門以西24丈の地点を経て南下し海光寺に至る約2400畝の土地を拡張租界として一方的に宣言した。これは中国側との間の条約で取決められたわけではなく，日本側の強奪的な租界拡張にほかならなかった。

　その後，中国側からの度々の交渉を経て1903年に天津日本租界推広条約が締結し，日本の専管租界として拡張されるのは本来の予備租界の地域約400畝で，もう一箇所の予備租界の小劉荘と，義和団の乱後，日本側が一方的に拡張租界とした南門外の約2400畝の土地は中国側に返還されることとなった。ただし返還地域は実質的に日本の予備租界とし，幾つかの付帯条件がつけられた。

　その第一は，返還した地域は将来日本側が租界を拡張することが必要になった時，中国側との話し合いで返還した地域内で拡張することができ，それまでの間，中国側は第三国に貸与できないこと，第二に，中国住民が不動産売買を行うときは，将来日本租界

に編入されても異議なしとする一項を地券に明記させること，第三に，この地域内に，中国側が自弁で交通，水道をはじめとする都市インフラに関する公共事業を行う場合は日本側に報告すること，その事業に第三国が関与する場合は日本側の許可が必要であることである。さらに，日本租界の道路の修築が完成したときは，中国側も新道を造り日本租界の道路と逕絡させることなども条件として盛り込まれている[3]。

　当時，中国にあった租界は様々な形で拡大する傾向があった。「予備居留地」「予備租界」は将来租界への編入を前提とした租界拡張予定地として設定された。1906年の日本租界地図や1909年の天津誌所収の天津地図には「予備居留地」と記されている。中国側からすれば，返還されたにもかかわらず常に日本側の顔色を窺いながら管理を行わなければならないやっかいな場所となった。

　都市管理の主要項目の一つに治安管理がある。天津に中国最初の警察制度である巡警が置かれたのは義和団の乱後の1902年である。華界を巡警総局が管理する仕組みは画期的なものであった。1906年，楊以徳が天津探訪局総辧，巡警局幇辧に就任した。華界の都市管理上，最も問題となるのが「予備居留地」であった。しかし楊以徳はあえてその所属を明確に問いただそうとはせず，日本領事館は日本租界でないといいながら中国に属するともせず「予備居留地」と称した。フランス領事館は自らの管轄区域ではないとした。ここに南市を含むこの地域一帯は，中，日，仏のどこにも属さない三不管とも呼称されるようになった[4]。これ以後，南市は三不管とも呼ばれることになった。

　1906年の「天津日本租界の地図」（図17）には，「現定居留地」

III 天津三不管の形成と都市化

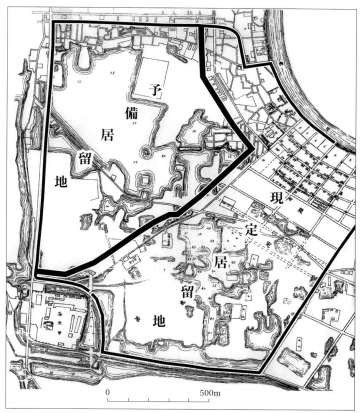

図17　1906年『天津居留民団三十周年記念誌』(1941) 所収図を修正

と「予備居留地」が分けて記載されている。両者ともに湿地や池, 沼が点在している。これらは白河 (海河) の後背湿地であった。華北平原の諸河川が集まる天津は洪水が起きやすく, 洪水のとき自然堤防を越えて溢れた水が後背湿地を形成した。旧県城の北部及び東部, さらに租界の初期開発地区は自然堤防上に立地して

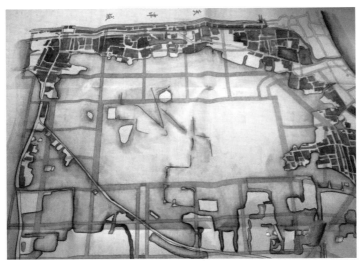

図 18-1 「日本専管租界之図」天津図書館蔵

図 18-2 「日本専管租界之図」天津図書館蔵

Ⅲ　天津三不管の形成と都市化

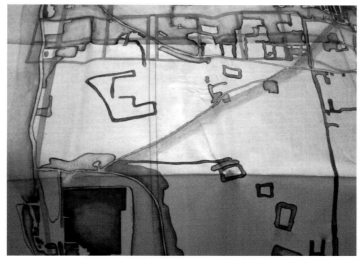

図18-3「日本専管租界之図」天津図書館蔵

いる。三不管に相当する「予備居留地」は約半分が広大な湿地となっている。ここは旧県城の排水が集まる場所でもあり，水深は約1〜2mとなっている。また天津図書館蔵の「日本専管租界之図」（図18）には「予備居留地」の開発計画図が記されており，日本側の開発の予定があったことを窺わせる。

　古くからの集落である蘆荘子や義和団の乱後宅地化が進んだ旧県城の南門外にあたる閘口街，「予備居留地」の南西部にあり1900年に建設され陸地化していたアメリカのメソジスト派の教会や学校付近を除くと，1900年代は「予備居留地」の大部分が湿地帯であった。

　1908年の地形図（図19）によると，1906年の図17に比べて「予備居留地」の中央を占めていた湿地が少し縮小し，北東部の南関

65

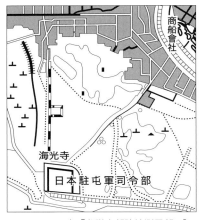

図19　1908年『参謀本部陸地測量部』「天津」を修正

市場即ち南市の市街化が進み，定住化，開発が始まっているのが判明する。また「現定居留地」と「予備居留地」の南西角に隣接した海光寺に，義和団の乱のときに置かれた日本軍の清国駐屯軍（後に支那駐屯軍，さらに日中戦争後北支那方面軍と改称）の司令部がみえる。この意味で，日本側の当初の呼称では「予備居留地」，中国側の呼称で後に日本側も呼称するようになる南市もしくは三不管は，形成当初から日本の対中軍事戦略の最前線に向き合っていたことになる。

　1909年の地図（図20）では市街化の状況がよくわかる。「予備日本租界」の北東隅の地域で，南門外の閘口街から街路が南進する方向と，1903年に日本租界に編入された旧予備租界地区から西進する方向が交錯する形で，方格状の市街が形成されている。旧城の北部の大運河沿岸地区にあった商業の中心は，義和団の乱後，あらたに日本租界に編入された地区に隣接した地区に移りつつあった。この旧予備租界地区では1902年に海河から内陸に向けて大和街，1903年に橋立街が形成された。「予備日本租界」，中国側からの呼称の「南市」の市街化は，この日本租界の成長，発展と密接な関係がある。

III 天津三不管の形成と都市化

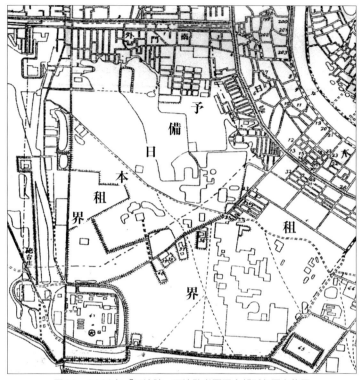

図20　1909年『天津誌』天津駐屯軍司令部所収図を修正

ただこの段階では南市は店舗商業よりも露天市場が大きな地位を占めた。露店市場には見世物小屋や文字通り露天で芸を行なう芸人たちも多数集まった。民国以前の南市の状況は，東北部を除いてまだ大部分が原野や沼沢地であり，その東北部に露天市場を中心として粗末な家屋主体の商業・娯楽地区が形成されつつあった。なお三不管とは，この空地に形成された露天市場を指す場合があり，老三不管として三不管の原風景として紹介される場合が多い。この

67

図21　三不管の中心地区（2002年筆者撮影）

狭義の意味での三不管は市街化が進展するにつれ移動したが，1930年代まで残存を続けた。

ではこの当時の管理の実態はどうであったのか。大公報には1907年頃から，探訪局や防捕盗営が南市において「売槍被獲」をしたり妓院の「稽査加厳」をした記事が見え始める。中国の官憲も不管地だからとして手を出さないままではおれない状況ができつつあった。それは前述の通り，東北部から次第に市街化が進展し人口も増加しつつあったことや娯楽サービス業が萌芽しつつあったことに対応せざるを得ない状況にあった。『大公報』には

「現在，天津の商業の中心は次第に南に移りつつある。その原因は，その地域が旧城と租界の中間にあり上下交通の要であるからである。しかしそこの日本租界が両者間に縦横に街路が走り，短期間で天津の商業の中心的存在となりつつある。これは我が天津にとって大きな損失である。幸い，南市一帯に商業が勃興しつつあり，租界に対抗し利権を挽回する起点となり得る。しかし商業が興りつつあるとはいっても街路が整備されておらず，長期的に租界に対抗し利権を挽回できるには不十分である。」

とあり，租界に対抗しいずれ租界を回収する拠点として南市に対する期待がかけられている。(5) ここには南市は華界の一部であるという認識が示されている。しかし南市は街路の未整備のため商

業街としての永続的な繁栄は望めないと危惧されている。このような動きを反映してか，工程局が南市の広益大街（広興大街のことか?）に新たに通りを二本開闢する旨の告示が出された。[6]

　巡警や工程局が不十分ながら，南市に対する管理を行い始めており，従来いわれてきたような全く手付かずの不管地であったとはいえない。これは発展する租界に最も近い華界の一地区としての南市の重要性が中国側に次第に認識されてきたことを反映している。ただし，この時期，南市の商業は，露天市場や妓院や賭館，煙館などであり，管理が不十分であるが故にその恩恵を最も多く受ける業種である。南市の別称である三不管とは所属不明地区を意味するだけでなく，それらのいかがわしい業種が集まった地区という意味も付加されるようになったとみられる。

2　北洋政府時期 (1912～1927)

　政治的には，天津は北京の奥座敷というべき所で，北京の表舞台で繰り広げられる政治・外交・軍事の関係者あるいは顧問的立場の人々の居住地であった。1911年の辛亥革命で中華民国が成立したあと，天津には清朝の下野せざるを得なくなった旧臣層が多く住みついた。彼らは資産形成のため天津の都市開発に積極的に投資した。前述のように，華界では租界に隣接し今後発展の見込みがある地域として，南市が期待された。

　ここでこの時期の市街化の進展状況をみよう。1913年の天津略図（図22）によると初期の開発状況がわかる。後の栄吉大街とみられる南市大街が日本租界から西に伸びる形で形成されており，こ

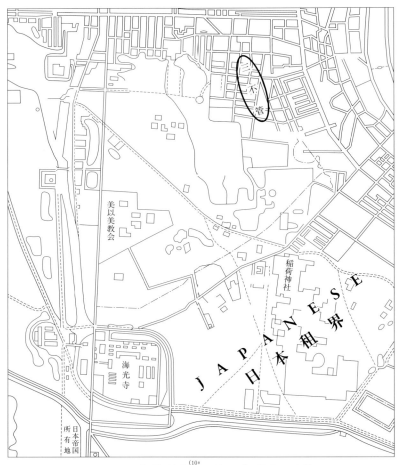

図22　1913年『天津案内』所収の「天津略図」を修正
(10)

の付近が中心であったことが窺われる。1908年の地図と比較すると市街化が南市大街を中心として進展していることがわかる。そして南市大街を核として市街化した地帯が図22で「三不管」と記さ

III 天津三不管の形成と都市化

図23　南市大街（栄吉大街）入口（当時の絵葉書）

れている。前述のように，この地帯は管理が不十分であるが故にその恩恵を最も多く受ける業種が集まり始めていた。

その管理について，1913年，天津警察庁が成立し五区にわかれた華界の各区に警察署を設置した。さらに各警察署管轄内に分署を順次設け，警官による巡察を行い始めた。三不管は一区の警察署の管轄に入った。警察管理上は三不管は不管地でなく，中国の主権の及ぶところとなった。1903年に日中の間で取決められた条約の解釈を条文どおりに行なった北洋政府の意思の表れである。ただし1900年代に開始された河北新区の建設のような政府主導の開発は積極的には行なわれず，当初は清朝の旧臣を中心とした民間主導の開発となった。警察権は及ばすが都市開発には政府は関与しないという態度である。ここに南市が日本の予備租界であることの影響が反映しているとみられる。

飲食業や露天市場，劇場などの他，管理が曖昧が故に立地する

図24　2002年の南市大街（栄吉大街）入口（筆者撮影。現在は再開発で消滅）

ようになった妓院や賭館，煙館などの三不管的業種が集まった場所として，南市が三不管と呼称されるようになったことが地図でも確認できるようになった。この時期から南市が三不管と別称されるようになったとみていい。

　南市大街（図23，24参照）の南には建物会社埋地とあるが，この付近は日本租界の初期の開発を担当した東京建物会社の所有地である。東京建物は1903年，日本領事館より租界の土地を払い下げられ，日本租界の土地・家屋造成を始めた。1908年，第一期の開発の484棟の家屋が完成した。東京建物は1900年，日本側が一方的に「予備居留地」として宣言した三不管地区にも土地を所有していた。三不管の最も東部を南北に縦貫し，後に建物大街と命名される街区の開発に東京建物は関与した。

72

Ⅲ　天津三不管の形成と都市化

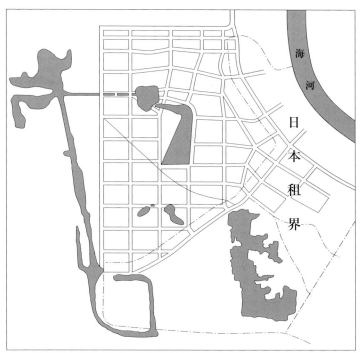

図25　京津両市図（1917年,『天津城市歴史地図集』（2004）所収）を修正

　開発に積極的だったのは前述のとおり下野した軍閥，官僚層であった。彼らが租界に隣接し今後の発展が見込める三不管に1910年代からこぞって投資開発を行なった。江蘇督軍李純が東興房産公司，栄源和塩業銀行経理岳乾斎が栄業房産公司を設立し三不管一帯の開発にのりだした。その他，慎益，福順，清河，両益，永安，聚福などの房産公司があり，東興大街，栄業大街，慎益大街など，これらの名を冠した街区が形成された。大規模の開発を行なったのは東興房産公司と栄業房産公司で，前者が東興，

73

清和，栄吉，永安，華安大街一帯に四千間余りの房屋を，後者が
栄業大街に二千六百間余の房産の開発を行なった。

　租界の多くの窪地，池，沼地は，海河の浚渫で取られた泥砂を
利用した埋め立てが，1906年から1907年からは管道を使用した
大規模吹淤が行なわれたが，三不管も海河の浚渫で取られた泥砂
を埋め立てに利用したものと思われる。三不管は日本租界に隣接
した東部から埋め立てが行なわれ，道路の建設や土地造成が開
始されたとみなされる。日本租界の開発が海河沿いの第一期地区
が終了し，1910年代に第二期地区として南西部の方向に開発が
進展したことにより，三不管も南西部方面の開発も始まった。

　1917年発行の地図（図25）をみると，三不管北部は市街化がほ
ぼ完了し，南部にも建設予定，あるいは建設途上である街路が示
されている。建設予定の方格状の街路は，この時期，南部の開発
に関して統一された都市計画の存在を窺わせる。中央の大きな湿
地は，いまだ厳然と存在し，美以美教会とその付属の学校関係敷
地のため，完全な方格街路の形成は困難な状況にある。中央の
湿地は三不管の西側にある湿地とつながり，排水池の役割を果た
していたことがわかる。

　1910年代から積極的に開始された開発により，1920年前後に
は25条からなる方格状の遊楽街が形成されたとされている。10年
代末までに東西方向に栄吉（南市），清和，南北方向に広興，建物，
東興，栄業の各大街が北部に形成された。南部は東西方向に北
から華安が1921年に建てられた。福安，栄安も同年形成されたが，
命名はそれぞれ27年，28年である。陸安（東半分は富貴）は23年
に建設された。隣接する日本租界の西南部が埋め立てられ日本

Ⅲ 天津三不管の形成と都市化

図26 民国時期の元燕楽茶園（2002年 筆者撮影）

租界全体の埋立事業が完成したのが1920年である。三不管の南半分は日本租界の西南部の街路と連結する形で形成され，20年代に開発が進展したものとみられる。

天津の商業の中心は義和団の乱後，旧城以北の侯家后，針市街，河北大街などから，東南方向の旧城東北角の東馬路を中心とした一帯に移ったが，三不管の開発とともに1920年頃には三不管に移った。しかしこれまでも述べたように，三不管は娯楽サービス業が先行的に発達し一般の小売業などは後から形成された。三不管に最初に移転してきたのが妓院であった。

1910年代前半の妓院の状況として，三不管一帯が最も盛んであり特に一等妓楼が三不管に多く集中していた。二等妓楼は三不管をはじめ，侯家后や日本租界の一部，三等妓楼は華界，租界の随

図27　元羣英茶園（2002年筆者撮影）

所におよび，全体で妓楼は二千余り，妓女は五千余りにのぼるという。三不管の妓楼は，清末までの伝統的商業街であった北門外の侯家后から移転したものが殆んどであった。妓楼の三不管への移転に伴い義和成，聚和成などの著名な飯荘も三不管に移転した。[10]
1915年には大舞台が栄吉街西口にでき，次第に娯楽サービス業全般にわたって繁栄の萌芽が見え始めた。

　繁華地区となる傾向を見せ始めた10年代，当時天津に進出してきた青帮が三不管への食指を伸ばしはじめた。1918年に青帮'大字輩'が三不管で徒弟三十余人を吸収したのはその徴候であった。『天津指南』[11]は

　「街市に臨む建物はかなり大きく，妓館，茶園，劇園，飯店をはじめ各種の娯楽施設は皆ここにある。明け方まで明かりが煌々と

76

III 天津三不管の形成と都市化

図28 白い建物が三不管で最も高層の建物であった玉清池澡堂(2002年 筆者撮影)。1924年建立。2009年天津市歴史風貌建築指定。現在は永安医院。

輝き別天地のようであり,天津で最も繁華な場所である。」

とあるように三不管の娯楽中心としての繁栄の状況を述べている(図26参照)。

1920年頃の南市の妓院について『天津指南』は

「そこの建物のうち市面に臨むもので商人に賃貸されているもの以外は全て二等妓院に貸されている。羣英茶園や羣英部妓院は皆,東興公司の不動産で,同様に振徳里について二等妓院の権楽茶園や権楽部妓院は皆,振徳公司の不動産である。」

とあるように,東興大街や振徳里が二等妓院の形成された街区であり,その街区の開発を行った東興公司や振徳公司がその形成に関わっている(図27, 28参照)。

また賭館も盛んであった。なかでも袁八(袁国瑞)が開設した賭

博場は規模が大きかった。立地上の特徴として葦荘子の日本租界と三不管の境界に立地していた。前門は日本租界に属し後門は三不管に属した。日本側の官憲の取締りがあれば三不管に逃亡し，中国側の取締りがあったときには日本租界に逃亡できるようになっていた。[12] 治安管理上の不管地は，三不管全体でなく三不管と日本租界の境界付近であった。

このような中，1918年から1920年にかけて，華界全体に関して初めての都市計画が企図された。第一次大戦に参戦した中国は開港場都市のドイツ，オーストリア＝ハンガリー租界の回収に乗り出した。天津は1919年に華界に吸収した。それを契機として華界の中で十箇所余りの地区の市街地整備を行おうというものであった。三不管および隣接した南開地区に関しては[13]

「地勢が窪地で低いため汚水を排水するところがない。南市から墻子外に総排水溝を走らせ左右の各街路に汚水溝をつなげ，衛生上や洪水対策上，利するようにする。」

1910年代に市街化が進展した三不管であったが，後背湿地のため排水が悪く居住環境に問題があった。さらに三不管の都市環境に関しては大きな課題があった。新聞によると[14]

「南市建物大街，永安大街，栄業大街一帯は，降雨のあと膝まで水没する。排水すべき場所がない。官庁の知らないこととはいえ，街路行政のするところである。しかし他にも特別な原因がある。もともと南市一帯は，雨水の多くは三不管の大窪地に流入していた。栄業公司は大窪地を埋め立てたあと，溝をさらって排水しようとしていた。後に諸経費の高騰という理由で未だに実行されていない。雨が降るたびに水郷のようになり三，四ヶ月は乾かない。歩く人は

皆困難を覚え，交通に大きな阻害となっている。管轄責任者が街路の修理対策をおこない交通を重視することを望む。」

同様な記事は他にもみられ，排水溝の整備・理解を求める声が出されるようになった。もともと三不管は海河の後背湿地であり窪地状になっており遊水池的な性格もあった。しかし排水設備を十分にしないまま都市化が進展したため水の行き場がなくなり都市計画が不十分なままの開発・市街化により，三不管は住みよい環境ではなかった。前述のように，華界の都市計画が立案され三不管は排水が最大の課題とされていたが，その解決はなかなか行われていなかった。

日本側から三不管の開発に参入した東京建物の『東京建物百年史』によると，「——三不管一帯ハ道路ノ塵土，汚穢，路面凹凸ニシテ大商店街ニ適サズ——」とあるように，日本租界に比べれば商店街を作るような環境ではないと日本側では判断をしていた。これは三不管の開発が下野した軍閥，官僚層により個々別々に行なわれたからである。その上，各市街も整った形とはいいづらい状況であった。都市インフラの未整備は北洋政府時代の天津の華界全体にあてはまることであるが，三不管の場合は予備租界であることが中国側の公的，統一的なインフラ整備の推進に積極性を欠くことになったのではないかとみられる。

1927年の地図（図29）によると，1917年の地図（図25）で示されていた建設予定の街路が形成され，日本租界の街路と連結されている。また中央にあった湿地が大幅に減少している。この付近は東興市場として娯楽場となった。また図29と図22を比較すると，図22にあった「三不管」の範囲が図29では南西方向に拡大され

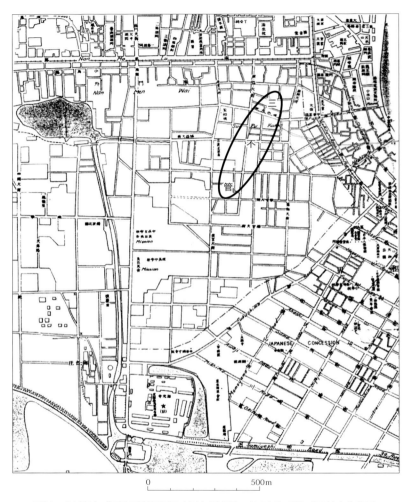

図29　1927年『天津居留民団三十周年記念誌』(1930) 所収「天津市街地図」

た形で記されている。開発，市街化の方向と一致しており，「三不管」の拡大がみられる。

東興市場の南西部には露天広場が残され三不管の写真として多くの書物に紹介されているが，ここは「老三不管，原三不管」の原野の景観を残す地帯であった。図25にあったように三不管の排水が集まる場所であった湿地はほぼ埋め立てられたが，三不管の西側の湿地に流れる排水溝が残っている。ただ三不管全体に関する排水設備の整備は，前述のように十分には行われなかった。三不管が娯楽機能を核として天津の中心商業街へと発展するには，以上のような都市環境上，都市整備上の問題点があり，早急な解決が求められていたが，この時期の公的なインフラ整備は不十分だった。

このような状況の中で，1920年，直皖戦争勃発し天津は軍閥の係争の地となった。1920年以降，軍閥内戦の混乱を避け華人地区の商店，銀号，下野軍閥，富裕商人など続々とフランス租界へ移り，全市の金融機関の三分の二がフランス租界へ集積した。三大商場，著名商店も集中しフランス租界は天津最大の中心商業街となった。日本租界もフランス租界に次ぐ金融，娯楽，商業の中心となった。

租界には天津の中心商業街が形成され，租界に住む外国人や富裕な中国人を主な消費者層とした。租界と華界の地域分化が進展した時期である。その影響は様々な側面にあらわれた。租界への富裕者層の集中・移住は，租界を取り巻く華界の相対的な貧困化となってあらわれた。両者の境界に位置する南市が天津の中心商業街の一つに発展できるかどうか，街路，排水などのインフラ整

図30　当時の旅館（2002年　筆者撮影）

備による居住環境の改善が進展するかが問われる時期となった。

繁栄の方向が見える日本租界では租界を拡張する手段として予備租界である三不管の編入も検討課題となったが，1919年の五四運動後，利権回収運動が盛んとなり，租界回収が全国で試みられるようになっていた。この時期の天津での予備租界の取り扱いに対して大きな影響を与えたのがフランス租界の拡張に伴い発生した老西開事件である（コラム参照）。激しい抗議運動が起こった天津では租界の拡張は困難と日本租界では受け止められ三不管の日本租界編入は断念された。だが日本側はこれ以降，青幇を通して三不管の支配を強化した。日本租界を「光」の繁栄地区とすれば，三不管は「闇」の繁栄地区として「闇」の業種が集中するという意味での三不管化がむしろ進展した。

3　国民政府時期（1928〜1937）

1928年国民政府は北伐の完了後，首都を北京から南京に移した。天津は政府の直轄市として，主要都市の都市行政，都市整備に重点を置くこととなった。その意味で，北洋政府時代は省建設の時代といわれ，国民政府時代は都市建設の時代と称される。[17] 都市建設，整備はまず，都市の経済社会に関する基礎的データの調

査，収集が必要である。天津でも市政府が中心となって調査を開
始した。

　1929年の天津市社会統計局の調査によれば，華界の総人口は
93万9209人で，そのうち貧民数は9万5509人であり，総人口の
10.16％であった。これを地域別にみると，北部周辺地区の四区
が3万9951人で人口中，40.41％と最大である。ついで旧城の西
部にあたる二区が2万6763人，11.10％である。南市が含まれる
一区は9千人足らずで地区の6％弱しか貧困層は含まれていない。
租界に関する統計はなく正確な比較は出来ないが，租界に加え華
界では旧租界および旧城の東側と南市が比較的繁栄した地域で，
それらを取り巻く周辺部が貧困地区であった。貧困層の殆んどが
天津周辺の県の農村からの来住者であった。1920年代は，租界
が富裕者層のための商業・サービス地区として発達したのに対し
て，三不管は，これら貧困層のための地区として階層的機能分化
したとみられる。

　つぎに三不管の主要業種の一つである妓院についてみよう。上
述の社会統計局調査によると，妓院数では二区が多いが，妓女数
では南市を含む一区が最大である。三区は二区とほぼ同じ妓女
数である。二区は四等，五等の下級妓女が中心であるのに対して
一区，三区は三等が多く，二等は一区が最も多い。一区は四等，
五等が皆無である。このことから華界では一区に比較的上級の妓
女が集まり，貧困層が四区についで多かった二区が下等妓院が
多いという状況であった。この業種も階層的地域分化がみられた。
なお一区の妓戸は一区二所，四所即ち南市に集中している。

　つぎに1929年と1933年の天津華界の地価から華界の都市化，

繁栄の地域差をみよう。1929年，及び1932年の両時点で華界で
地価が最も高いのは一区である。一区は旧県城内外の東半分地
区で大運河，白河に面し明・清代から商業の中心として最も繁栄
したところであった。しかし一区内部にも地域差があり時期的に変
動した。1929年の時点で一区内部で最も地価が高いのは一区二
所である。ここは旧県城内部で主要な官庁があったところで人口
密度も高いところである。次いで高いのが一区一所で，ここは三
不管の北部にあたり，三不管で最初に開発，市街化が進展した
ところである。三不管の残りの地区は一区六所であるが，一区では
最も地価が安い。一所と六所の差は約2.5倍である。一所の最低
地価が2000元であるのに対して六所の最低地価が400元でありその
差は5倍であり，三不管内部の地域差は大きい。これは三不管
内部の開発，都市化，商業化の差を反映している。六所内部でも
最高と最低の価格差が大きく4倍から5倍の差がある。三不管の
南部は北部からの都市化か連担したところと未開発のところにわ
かれていた。一区の中では三不管の北部が商業を中心とした繁
栄の場であった。

　1933年では一区がやはり地価が高い。しかし一区のなかでは
四所が最も高い。四所は旧県城の東部で城壁が撤去された後の
新たに開闢された東馬路を中心に新たに再開発が進展した所であ
る。1929年に比べると4.66倍の増加となっており一区では最大の
増加地区となった。これに対して二所は1.12倍であり地価は停滞
気味である。一所は1.41倍で二所に続いて増加率が低い。三不
管北部の一所で増加率が低いのは1931年に発生した天津事変の
影響が大きい。

これは満洲事変と連動して日本軍部が起こした事件であった。日本租界に集結した暴徒は三不管から華界に侵入して暴動・破壊を行なった。三不管をはじめ，華界の多くの商店・家屋が焼き討ちにあった。その背景には日本軍部と青帮の深い関係があり，20年代後半より三不管を支配化に置いた青帮の協力なしには日本軍部はこの事件を起こせなかった。しかしこれにより三不管をはじめ華界にあった商店や富豪は陸続としてフランス・イギリス租界に移った。日本租界はむしろ衰退した。

　1930年代から日本の華北への経済，政治，軍事的進出，侵略が顕著となりはじめた。天津はその拠点であり日本租界はその司令部としての機能を持ち始めた。日中の相克が目立ち始めるにつれ，三不管は日中の相克の最前線となった。天津事変はその象徴的事件であり，事変が三不管を舞台としさらに三不管から拡大したことにより，30年代の三不管は天津の都市内部だけでなく，華北，中国，さらには東アジアの国際情勢のなかに位置づけられ，さまざまな影響を被ることとなった。日本租界に隣接していることが南市発展の主要因であったが，天津事変以後はそれは阻害要因にもなりかねない状況となった。

　天津事変により，20年代の軍閥内戦による華界から租界への移住に続いて，第二次移住が起こった。その結果，富豪層を顧客とする商業や大資本の金融業のフランス・イギリス租界への集中が加速された。南市は租界に対抗できる中心商業街へと発展するのは困難となった。自然災害，軍閥内戦などにより周辺農村から華界には年々多くの難民，避難民が流入していた。流入人口の多くは三不管や地道外，謙徳荘などの不管地に定住した。その中で三

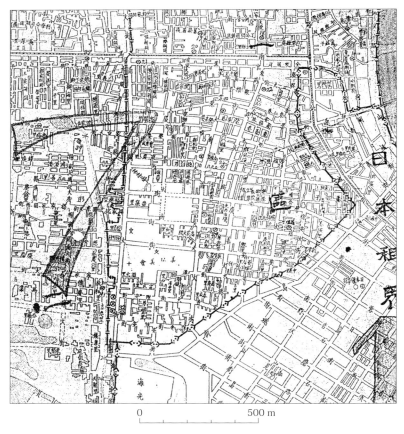

図31　1938年『天津特別市現行区域図』天津特別市公署警察局絵図室（1938）

不管は，下層階級を顧客とする地場の商業街や本来の娯楽サービス業の中心地へと特化することになったとみられる。

　30年代の三不管に新たに発展した業種として新聞社即ち報館がある。大きな報館では1915年に栄業大街に創設された益世報が

あるが，その他の中小の報館は10年代から三不管に集中する傾向にあった。30年代に大小の報館が三不管に相次いで設立された。これらの報館の新聞記事はゴシップや扇情的な読み物がほとんどで，三不管の娯楽，盛り場としての性格を反映していると同時に様々な情報が飛び交う町でもあった。天津事変前後から，日本の特務機関にとっても三不管は重要な情報収集の場所でもあった。日中の相克の最前線となった三不管は，情報流通の拠点となっていた。

このような中で，三不管の都市整備はどのようなものであったのであろうか。南京国民政府のもとで，天津は特別市となり都市基盤の整備事業が30年代に行なわれた。国民政府成立後の1929年，地方自治が開始され街村自治管理処が設置され都市部では街長が選出され，戸口調査，街路修理，貧民救済などを行なった。街[20]村自治は借家人による借屋料の値下げ運動にも大きな役割を果たした。東興房産公司に対して街長らが中心となり減租運動を起こし減租に成功した。街路修理には工務局も関与し，1930年には工[21]務局により慎益，永安，平安，栄吉，栄業，東興，広興などの七つの街路の修理が行なわれた。また下水溝の工事に関しては官民[22]の共同分担により商民側が三分の一，官側が三分の二を負担する方法で行なわれた。商民側，即ち土地家屋所有者は「南市修溝築路捐欵保管委員会」を組織し分担基準を定めた。[23]

30年代は都市インフラの整備が遅ればせながら進展した時期であった。1932年4月10日の大公報には，幾たびかの戦乱により商業が凋落した南市の反映を回復が待たれる旨の記事が掲載されて[24]いる。

1920年以降の度重なる軍閥内戦や天津を支配した軍閥による

諸雑税を逃れるために，商店や妓院は次々と租界に移り，さらに便衣隊事件により南市は壊滅的打撃を受けた。これに対して租界は益々発展している。再び繁栄を取り戻すために各街の街長，副長が市政府，公安局に，治安の回復，免税，租界への移転制限など六項目にわたる建議を行なった。

　4月11日には，この記事を読んだ一商人からの投書があり，道路の修理，整備による往来の安定化が南市繁栄の前提であるとする[25]。1930年から31年にかけて工程局が清和，東興など六街の街路および溝道の修築を行なったが，商店が建ち並ぶ他の街路・溝道の修築がなされておらず往来に困難をきたしている。これに対して，天津市政府は1935年から再度，修築工事を計画し，路面工事は全額市費で，道路を掘り下げコンクリート管を埋める下水工事は前回と同様の負担割合で行い，1936年6月に完工したという[26]。

　1930年代の三不管の状況をみるために1938年発行の地図（図31）をみよう。1927年の地図（図29）にあった後背湿地であった三不管の名残りである池は埋め立てられており，三不管全域にわたって市街化が進展している。三不管の都市化が進展する中で，1934年日本租界の共益会（日本）は日本租界の三不管方面への拡張は困難とした。三不管は，1903年に租界条約に盛り込まれた租界拡張予定であったが，再開発が急速に進展し中国の枢要な繁華街となっている為，今更日本が拡張権利を行使するわけにはいかないとの認識を持った。同じころ，三不管の日本側の開発業者であった東京建物は，房産の建替え分譲計画を試みたが借地人との交渉が難航し断念した[27]。街村自治による借地人層の意識向上も交渉が難航した背景にあるとみられる。全国的にも国民政府時

期は開港場都市の租界の回収運動が本格化した。30年代になり三不管への租界の拡張予定は事実上放棄された。

4　日本占領時期 (1937〜1945)

　日本占領のもと，天津は華北の政治・軍事的および日中貿易の拠点として重視された。日中戦争初期の2年間，日本の天津への産業投資は他の都市に比較し多額に及び，日中合弁の工場は鋼鉄，機械，電力，紡績など二百四十余りにのぼった。戦争中にもかかわらず主たる戦場にならなかったためか，人口は1938年から増加をはじめ，1945年には172万，外国居留民も10万になり180万を超える人口になり，1943年には北平を超えて華北第一の人口密度の高い都市となった。

　この時期の天津の都市計画は，汪精衛国民政府下の華北政務委員会建設総署都市局と関連機関が行なうことになった。最も重視されたのは軍需物資，経済物資を動かすための水陸交通網の整備であり，特に工業港，貿易港として総合的機能を持った天津港の建設に重点が置かれた。都市内部に関しては旧日本租界を都心としてその周囲に高級住宅区，居住区，商業区，工業区などを配置する計画であった。しかしその大部分は実行されず，30年代の都市構造を「解放」まで保った。

　1940年代の日本占領下の三不管に関わる資料は少ない。1943年南京国民政府との協定により日本租界が返還され三不管の予備租界地としての条約上の位置づけはなくなったのであるが，この時期の三不管はどのような状況であったのか。40年代に天津で小中

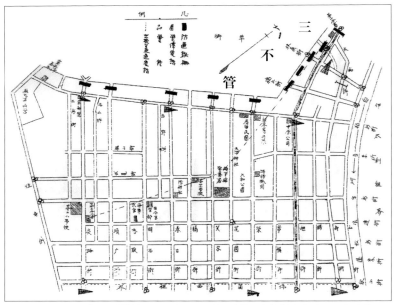

図32　1940年『租界内警備施設大略図』天津日本総領事館警察署（1940）を修正

学校時代を過ごした西村正邦氏の回顧によると(28)

「日本人の子供たちは聊か物騒なこの地区に遊びに行くことは厳禁されていたが，昭和十三，四年頃には治安も確保され（但し勿論治外法権の保護は適用されないから，若し不測の事態に遭っても日本の領警が直接介入することは出来ない），インチキ商売とかショートル（小偸儿）市場を除けば，ニューヨークのハーレムみたいに物騒なことはなかった。

私の記憶では三不管へ行くには，芙蓉街の突き当りにあった大きな鉄門の境界を通って行く以外の道は覚えがない。当時の地図をみると明石街とか榮街とかの東西の通りは「シナマチ」に通じて

はいるが，いずれも閉鎖を表すような破線でシャットされている。

これは或る時期，租界の安全確保のため，芙蓉街以外の道は閉鎖突き当りとし，芙蓉街の鉄門も夜間は禁じられていたことがこの辺の事情を物語っているかもしれない。」

文中にある「或る時期」とは，天津事変以後とみられるが，治安確保のため日本租界側から三不管との間に境界を作り道は芙蓉街を除いて閉鎖していたことがわかる。既述のとおり，20年代から30年代にかけて富裕者層相手の商業が租界に移ったのに対して三不管は下層階層相手の商業街へと分化した。天津事変や日中戦争は日本租界と三不管の間に緊張関係をもたらし，境界が明確になり治安上は完全に分離された。阿片窟，妓院，賭場を支配した青帮や日本人を除いて，両者は分離していた。1937年の日本占領後，治安が確保されても両者の境界を日本側からなくすことはなかった。

1940年の「租界内警備施設ノ略図」（図32）には，日本租界と三不管との境界の街路に「防匪鉄柵」が設置されている。日中戦争以後の日本占領下の天津では日本側から見ると，三不管はあくまでも華界の一部であり，むしろ警戒すべき存在となっていた。

西村氏の記述から，三不管の実態に関する部分を抜粋すると

「狭い道の両側には屋台を含めた飲食店を始め，インチキ臭いコマゴマした物売りが並び，中には地面に錆びた釘だの，古靴片方丈だのを並べて，これで商売になるのかと思われるような「商い」をしている者もあり，（中略）

日本鬼子の小僧め，と白い目で睨まれながら歩く三不管は確かに気味の悪いものがあったし，ぼんやり歩いていた日本人が物陰から硫酸をひっかけられたとかいう噂もあり，たとえ買い喰いし乍ら

とはいえ，四方に目を配り，キゼンとした態度で，なお用心してあま
り端へ寄らず，道の中央を何時も二人連れで歩くことにしていた。」

　当時中学生であった著者の主観的な印象であるが，40年代の
三不管の，2，30年代と変らぬ下町の繁華街としての賑やかさと，
同様に変らぬ不気味さに加え日中戦争時期の三不管が特に日本
人にとって決して安全な場所ではなかった状況が窺える。日本占
領下とはいえ，三不管は日本租界と一体化したわけでなく，一般の
日本人には不気味な，特別な場所だったとみられる。

　三不管の中心業種であった妓院に関して1949年3月の天津市
公安局統計によると，全市で妓院448戸，妓女1779人であり，そ
の中で三不管が一等から三等までの妓院169戸，妓女746人で最
も多かった。40年代も2，30年代と同様，三不管は下層階級を中
心とした娯楽の中心であった。三不管の青帮は日本軍との協力を
深化させ，これら娯楽サービス業を支配した。

　1943年南京国民政府との協定により日本租界が返還され三不管
の予備租界地としての条約上の位置づけはなくなったが，1930年
代の三不管の性格は，1945年までは引き継がれたものとみなされる。

▌結びに

　天津三不管が，どこの管轄にも属さない時期はごく短かった。
急速な都市化をみせる三不管に対して巡警や工程局が管轄の動き
をみせた。ただしその管轄・管理は不十分であった。天津は，近
代開港場都市としての急速な都市化と軍閥内戦により，租界での
商業・金融機能が集中していく中心化と，華界での貧困層が集住

する周縁化の二極分化が進展した。三不管は租界と華界のまさに境界にある場所性から，中心化と周縁化が同時に進行した。

しかし中心化を構成する中心商業街の形成は困難であった。原因の一つは，軍閥内戦だけでなく天津事変以降，三不管が中国進出，侵略を強める日本との最前線となったことがあげられる。もう一つは市街化に必要なインフラ整備，特に後背湿地に起因する排水機構の整備が十分に進展しなかったことがあげられる。そのためインフォーマルセクター化する華界のなかでの娯楽サービス業を中心とした商業街に特化した。

日本の予備租界であった影響は明確には現れていないが，中国側，日本側ともに行政主体の都市整備に関しては長期間，消極的であった。1920年代から全国的に租界回収の動きが目立つようになり，1936年ごろ天津市政府によるインフラ整備がかなり進展したが，再開発に対する借地人の反対，日中の相克による治安悪化により，行政主体の都市整備は不十分であった。1920年代の日本租界への編入が断念されたあたりから三不管化はむしろ進展した。租界側の「光」の繁栄ではなく「闇」の繁栄であり，阿片窟，妓院，賭場を支配した青帮が日本租界側の影の代理支配者となった。しかし報館，演劇などの文化要素を含めた娯楽街として発展することより，天津三不管は娯楽サービス業に特化した形での発展ではあったが，下層階級を中心としたアジールとしての役割が強かったといえる。

新中国となってからは正式名称も俗称も南市と呼ばれる三不管からは阿片窟，妓院，賭場などは消滅し，南市食品街と旅館街が東西南北の門口を有する中華式楼閣スタイルで建設され天津の

図33　2000年11月20日の三不管（Google Earth ©）

新たな名所となり，かつての繁栄の一部を偲ばせる（図33の②）。2002年，天津市は『天津海河綜合改造開発計画』のもと，天津市全域にわたる再開発を開始した。三不管では北西部から，香港の不動産資本により再開発が進展し「南カリフォルニアスタイル」を標榜する高級住宅街が建設され始めた。本格的な都市インフラ整備も香港資本が請け負う形となっていた。一方，まだ三不管時代の街並みを残している区画も図33のように多く残存し，1920, 30年代からある中小の演舞場には観衆が詰めかけていた（図26など）。

　三不管からかつての日本租界，フランス租界，イタリア租界地区は，「都市消費娯楽地区」として，かつての消費娯楽地帯の特性を再び取り戻す一方で，古くからの繁華街としての店舗，映画館，劇場などは一部を除いてスクラップ＆ビルドにより高層ビル化することで姿を消すことが予定された。図33にある旧来の三不管の入口である①の南市（栄吉）大街（図23, 24）をはじめ民国時期の三

94

Ⅲ　天津三不管の形成と都市化

図34　2017年5月10日の三不管（Google Earth ©）

不管の街並み，街路ともに消滅の可能性があった。それとともに消滅の可能性が出てきた様々な伝統文化も街並みの記憶とともに記録しようという動きも出てきた。[31]

　その後，大規模な再開発は着々と進行し，図34をみると，高層マンション，高層ビジネスビルをはじめ低層型高級マンション，学校施設などを中心とした地区に変化している。基本的には北部が商業ビジネス地区，南部が居住地区とした再開発である。そのなかで福安大街，栄業大街などは道路が拡幅され残ったが，①の南市（栄吉）大街など，かつての三不管の繁華街であった幾つかの街並みが街路ごと消滅した。かつての三不管を偲ばせる建築としては図28の玉清池などわずかとなっており，「三不管」という名称自体が南市の過去，いわば三不管時代の時期を指す歴史的名称として地元住民の記憶から消え去ろうとしている。

　旧租界地区が地区全体を近代建築物保存地区として保存され

95

ているのと対照的で，中国の大都市で普遍的に見られる根こそぎ再開発の過程にあるが，これは三不管時代の危険な陋屋群をなくし新たな新都市地区としての南市の再生であると地元では評価されている。それは三不管の闇の時代，残像の否定でもある。

【注】
(1) 場所性については，大城直樹，荒山正彦編『空間から場所へ――地理学的想像力の探求』古今書院（1998）
(2) 周恩玉「解放前的天津南市概況」天津文史資料33（1985）。鄭道理「城南旧事――天津南市史話」天津和平文史資料選輯1（1988）。李正中，宋安娜主編『南市文化風情』天津人民出版社（2002）。また孫躍新『中国都市における近代空間の形成過程及びその特性に関する研究――天津の旧城空間，租界空間，新開空間の形成及び相互関連を中心に』京都大学博士論文（1993）では，三不管は多核的副都心の一つとして捉えられている。
(3)「天津日本租界推広条約」『天津租界档案選編』天津人民出版社（1992），pp.199-201
(4) 従来は日，中，仏の三者とされてきたが，『東京建物百年史』東京建物（1998）P.89 では，日本政府・日本軍，中国政府・天津市，警察・治安当局の三者としている。
(5)『大公報』1907・9・7「論天津南市亟修馬路」
(6)『大公報』1908・5・13「開闢馬路」
(7)『天津通志――城郷建設志（上）』天津社会科学院出版社（1995），p.30
(8)『天津百科全書』天津科技翻訳出版社（1995）の和平区の各街路の項目
(9) 羅澍偉主編『近代天津城市史』中国社会科学出版社（1993），p.577-578
(10) 富成一二『天津案内』中東石印局（1913），pp.226-230
(11)『天津指南』（1922）巻一，総綱，南市
(12)『大公報』1923・8・4「袁八賭局亟宜取締」
(13)『天津通志―城郷建設志（上）』pp.54-55

（14）『大公報』1922・6・29「南市積水之原因」

（15）『大公報』1921・5・31「呈請開南市地溝」,『大公報』1922・6・14「地溝亟応修理」

（16）前掲4『東京建物百年史』p.88

（17）天津地域史研究会編『天津史──再生する都市のトポロジー』東方書店（1999）, p.124

（18）『天津市社会統計局匯刊』（1932）

（19）『天津市地価之研究』民国二十年代中国大陸土地問題資料, 成文出版社（1999）

（20）前掲17『天津史──再生する都市のトポロジー』, pp.125-126

（21）『大公報』1930・3・10「南市減租運動解決」

（22）『大公報』1930・9・20「翻修南市馬路竣工」

（23）『大公報』1931・6・1「南市溝路」

（24）『大公報』1932・4・10「南市繁栄亟待恢復」

（25）『大公報』1932・4・11「南市繁栄的前提」

（26）前掲『東京建物百年史』p.88

（27）前掲『東京建物百年史』p.88

（28）西村正邦『天津・租界彷徨記』昭和堂印刷（2000）pp.138-142

（29）『大公報』1933・2・25「日租界積極戒備」

（30）『天津档案史料』5（1999）pp.30-42

（31）李正中主編『南市文化風情』天津人民出版社（2003）

（32）前掲53　pp.351-353

コラム 　　　　　　　　　　**老西開**

　天津において租界を拡張しようとする動きは，南市を予備租界とした日本だけでなく各国でみられた。その中で，租界の拡張という形で実行しようとしたのがフランス租界である。それが事件化したのが1916年に発生した老西開事件である。1861年に成立したフランス租界は，1900年の義和団事件の時に西南方向に拡大しそれまでの約4倍の面積となった。さらに1902年に西南方向に一層の拡大を試み天津海関道の唐招儀と交渉したが，唐招儀は承認の返答は行わなかった。1903年にイギリス租界が南西方向に租界を拡張することに成功したことに刺激を受けたフランス租界は，拡張の機会を狙っていた。

　このような中，1912年フランス租界の南面方向の老西開にフランス教会が建てられ，その周囲にも修道院，学校，病院などが陸続として建設された。その境界地区の警備と称してフランス租界工部局はフランス巡補を派遣した。中国側は教会地区は華界に属するとして天津警察庁の警官を派遣し，両者が対峙する状況となった。フランス租界側は老西開への租界拡張，中国警官の撤退，教会地区の住民に対する納税などを求めた。これに対して中国側は天津商会の富裕商人層が中心となり「国権国土維持会」を設立し国権，国土保持の運動を開始し，両者の対立が先鋭化した。1916年，フランス側が中国の警察官を拘束したことをきっかけに，中国側の政財界関係者，市民による激しい抗議行動が始まった。市民も「天津公民大会」を開催し，フランスとの貿易の停止，フランス紙幣の使用停止，フランス領事の本国召還を求め，フランス租界での労

働者，商人，学生のストライキが行われるなど大きな抗議運動に発展した。

　当時，第一次大戦に国力を注がなければならなかったフランス側は，抗議運動の対策に十分対応する余力はなく，イギリス大使の仲介による協議の結果，老西開地区の管轄問題はフランス，中国間の懸案事項として話し合いを続けていくことになったが，その解決がなかなか図られない中で老西開地区はフランス，中国両者の事実上の共同管轄となった。両者に属するといいながら，実質的には所属があいまいな不管地となった。

〔参考文献〕
●来新夏主編『天津近代史』南開大学出版社（1987）

Ⅳ 長春三不管とペスト

図35 満鉄付属地と東支鉄道付属地（1920）

　中国東北部は清朝末期以降，漢族の流入と張作霖をはじめとする軍閥の台頭や南下を狙うロシア，ロシアの南下を防ぎたい日本の権益争いが加わり，まさしく諸勢力のせめぎあいの地であった。清帝国の衰退とあいまって，東北部自体が三不管となりかねない状

況であった。ロシアと日本の権益の中心が東清鉄道であり，日露
戦争後，長春以南が日本の権益となる南満洲鉄道となった。ロシ
アは長春の北郊外の寛城子駅までをその管轄とした。長春駅から
寛城子駅までは連絡線となった。ロシア帝国を倒したソ連の時代
になり東清鉄道は中ソ合弁の東支鉄道となった。長春駅から寛城
子駅までの間は農地や荒地であったが，中国，ロシア，日本の管
轄があいまいな場所として三不管と呼ばれていた。この長春三不
管は「満洲国」の成立後，新京の三不管となった。長春三不管の
実態については，東清鉄道の旧ロシア付属地であった寛城子に居
住していた日本人会が作成した『寛城子物語』や個人の居住体験
記などが参考となる。また新京時代の三不管を大きく揺るがす事
件となった1940年の新京のペスト蔓延では，その流行の原因をめ
ぐって人為的流行説と自然流行説があり，そこに流行の場所として
三不管が関わっているようである。それらの説の整理も含めて，本
稿では長春三不管の概略的検討を行ってみたい。

1.　長春三不管の形成

　長春三不管は，満鉄の付属地と中ソ合弁の東支鉄道の寛城子
駅のロシア付属地との間に形成された。ロシアの付属地は約170
万坪で，1901年に寛城子駅とともにつくられた。本格的な街作り
が行われている途中の日露戦争の敗戦により，街作りは停滞した。
1905年のポーツマス条約により長春以南の鉄道権益を得た日本
は，1906年に南満洲鉄道を設立し，1907年に長春駅付属地として
約150万坪を約50万円で買収した。寛城子駅と長春駅の間には

元々，長春府により長春商埠地が計画されていたが，その大部分が長春駅付属地として買収された。中国側の長春商埠地は，後に満鉄の長春駅付属地と長春府城の間に設立され街作りが行われた。満鉄の付属地と中ソ合弁の東支鉄道の寛城子駅のロシア付属地との間に対しては，中国側は積極的な関与はしなかったため，結果として中露日三者のいずれの権力も介入しない緩衝地帯となったとされる。紛争を避ける意味での奇妙な緩衝地帯となり，いわば無法地帯がゆえに多くのアウトローの恰好の隠れ家となり，特殊な集落を形成したとされている。

1920年の地図（図35）をみると図中 NEW TOWN となっている満鉄付属地と RUSSIAN QUARTER となっている東支鉄道付属地の間には幾つかの集落が形成されはじめているが，まだ市街地的な集落を形成するにはいたっていない。東支鉄道付属地には，寛城子駅の東側に守備隊や郵便電信局をはじめロシア人を中心とした市街地が形成されている。満鉄付属地は長春駅の南側に計画的な街路建設と市街化が開始されている。長春駅北側は満洲製粉工場，発電所，亜細亜石油会社，貯炭所，水道水源地などの工場，都市インフラ関係の施設が建設されている。長春駅の北側には長春日露連絡停車場が設けられている。これは長春以南が南満洲鉄道となってからレールの幅をそれまでのロシアの広軌（1520 mm）から中国大陸や朝鮮半島の鉄道の標準軌（1435 mm）に改軌したため長春で乗り換えが必要となったためであり，長春駅には東清鉄道が乗り入れ，また寛城子駅にも南満洲鉄道線が乗り入れた。乗客は長春駅で乗り換えが，貨物は寛城子駅で積替えが行われた。寛城子駅と長春駅の間は，両鉄道の線路が並んで走り，交通上も

中間地点であった。

2 「満洲国」首都化と三不管の実態

　1934年の地図（図36）をみると1919年の地図（図35）に比較して長春駅（1934年では新京駅）北側の満鉄付属地と東支鉄道付属地（1934年では東支鉄道付属地はなく寛城子地区）の間に多くの住宅地が形成されていることがわかる。三不管は元来は満鉄付属地と東支鉄道付属地の間であり（1919年の図35）そこから住宅地が形成されたとおもわれるが，1934年の地図では旧東支鉄道付属地に住宅地が拡大していたことがわかる。

　この住宅地の大部分は貧困層を中心としたスラムであった。しかし長春，後に新京となり，「満洲国」の首都機能が拡大され人口が増え都市化が拡大する中で，三不管にも日本人が隣接して居住するようになった。当時居住した住民によると三不管が治安の悪く無頼の巣窟であった状況からは改善され「治安も回復し道路が整備されガードが造られ，北東の角に満警の派出所が配置されていたが，確かにそれまでは起伏の多い狭い一本道が遮断機の無い踏切を越えて，真っ直ぐ北の寛城子へ向かって延びていた。」とある。[2]　図36にある満警の派出所がある付近が本来の三不管で，ロシアの付属地と日本の付属地の間の狭小な土地で駅裏から寛城子へ延びる道路沿いに形成されたことがわかる。

　旧東支鉄道付属地であった寛城子にはロシア系の住民がいたが，ソ連軍の施設や張学良軍の兵営を関東軍が接収し，関東軍関係の施設が増加していた。そして寛城子と新京市街地を連絡する

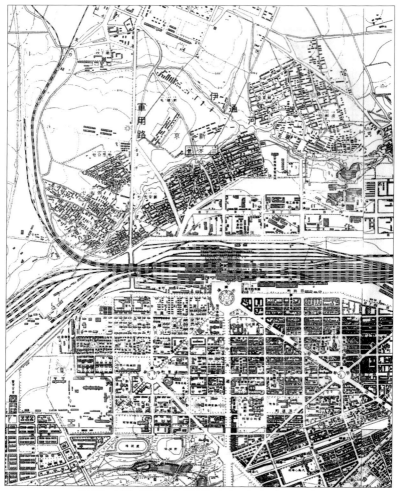

図36　長春（新京）と三不管（1934）（図中の囲み）

道路が軍用路という名称で開設された。この軍用路は三不管を南北に横断し満鉄線をガードで潜っていた。軍用路には新京と寛城

子を連絡するバス路線が開設され，三不管というバス停があった。三不管のすぐ北側には関東軍の補給部隊である主計19部隊の倉庫群や兵舎が立ち並び，その北側には馬の100部隊といわれた疫馬廠の施設があった。寛城子駅の西側には関東軍の飛行場と満洲航空の飛行場があった。増強を続ける関東軍の諸施設に南隣して三不管があった。「満洲国」の成立後の三不管には，軍都としての用地拡大の波が押し寄せようとしていたようにみえる。

　この時期の三不管につては，山田清三郎は，「この三不管には，三国の軍警もはいらず，その法権もおよばなかったその既成事実が，"満洲"建国後も，惰勢的に持ち越されていた。それはしかし"満洲国"にとっても，"満洲国"を事実上軍事的に，支配していた関東軍にとっても，甚だ好ましからざる事態だったのはいうまでもないことであった。何故ならそこは，"反満洲抗日"分子の隠れ場所となったり，禁制の阿片秘密取引の場所などに，使われたりしていたからだった。」とあり，「満洲国」成立後も三不管の性格は文字⁽³⁾通りの不管地であったとしている。

　では，このような捉え方をされている三不管の状況について，実際の住民はどのように三不管をみていたのだろうか。当時，寛城子で生活していた作家の檀一雄は『青春放浪』のなかで「寛城子は当時の新京の街から半里ばかりの東北にあって，その丁度中程の辺りが三不関である。汚い街であった。泥で練り固められた掘立小屋が，なだらかな起伏につれて密集し傾斜して，細い溝がその窪地の中を流れている。その溝の中に泥まみれになった家鴨や，豚や，裸の子供達は，今でも私の目に浮かぶ。いや，流れてなんぞいなかったであろう。その溝も，三不関の人々の様に，泥まみ

れになって窪地を這いまわっているだけであろう。」と描写している[(4)]。この溝とは図36にみられる伊通河であり，伊通河の流れに沿った窪んだ傾斜地に三不管は形成されていた。貧困層からなるスラム街であったことがわかる。

　新京が近代的都市計画の元に首都として華やかに整備されていくのとは好対照に，スラム街として形成された三不管に対して，檀は一種の哀愁とまた植民地支配層の一員であるかのような優越感を混ぜながら次のような感想を述べている。「私はあの三不管を甚だ愛好したものである。寛城子から新京に抜ける折り，私は決まって三不管の中に足を踏み入れ，一斤の白乾児を買って帰ったり，焼餅をかじったり，家鴨や人間や豚共の泥の中の雑居状態を眺めて喜んだものだ。」とある[(5)]。

　また三不管に最も近く居住していた日本人は，「三不管は雑多な民族の接点でもあった所為か，市街地より寧ろ早い時期に五族協和の実が挙がっていたように記憶する。三不管から我が家迄の間は満人街で色々な商店が建ち並び，殷賑を極め，中には一寸気を引く店もあった。特に洗澡堂子等，子供の好奇心を擽るスポットもあった。夏の風物詩として泥柳の並木道の両側に近在の農民が早朝五時頃からまくわ瓜を天秤で持ち込み，数日間市場が形成され喧騒を極めたが，日本人サイドからは全く苦情が出なかった。」と懐億している[(6)]。三不管に親しみを持つかどうかは別として，満洲国首都となった新京では緩衝地帯の必要性がなくなりクリアランスの対象となるのも時間の問題であった。

3. 新京ペストと三不管

　1938年から新京は国都建設計画の第二次事業が計画された。その中の主要事業の一つとして三不管の集落移転があった。[7] 1939年新京市副市長関屋悌蔵の裁断で三不管の住民の強制移転が開始された。そのような時期の1940年（昭和15年）の9月下旬，新京と農安県にペストが発生した。新京で発生したペストをめぐっては，その発生場所や発生原因について，混乱や意見の対立がある。山田清三郎は前掲書において，新京の三不管でペストが発生したとする。即ち，「……ちょうど真夏のことだったが，ペスト患者が突如として発生したのである。当時，三不管には，限られた狭い区域に，七百戸，五千人の細民たちが，ひしめき密集していて，住んでいたのだ。」とある。[8] また森村誠一は，「ハルピン市でのチフス発生と並行して新京駅の裏手，北一キロ付近を占めていた，密集細民街―三不管で，突然ペストが発生した。」とあり，[9] さきほどの山田清三郎の三不管でのペスト発生についての記述が引用されている。両者とも，新京でのペスト発生場所は三不管であったとしているが，森村は発生場所については基本的に山田の書に負ったとみていい。『死の工場』を書いたアメリカ人のS・ハリスも，「長春（新京）駅の一キロ北にある，郊外のうらぶれた貧民窟にやってきた部隊科学者もいた。日本兵はこの極貧の居住区に住む住民を集会に駆り集め，そこで科学者たちは，脅える住民に対し，ペスト患者が付近で発見された旨伝えた。」としており，[10] 新京でのペスト発生場所を三不管としている。

　発生場所について，当時，長春，新京を代表する邦字紙であった

『満洲日日新聞』でペスト記事をみてみよう。『満洲日日新聞』にペスト発生の第一報がのったのは10月2日である。それによると9月30日，新京の中心部にあたる東三条通の病院で7名のペスト患者が発生した。早速，防疫本部が設置され，付近の交通を遮断し発生地域の二百世帯，約五百人を隔離した。10月8日までの発生数は14名で内，13名が死亡となった。10日には発生地区のビルなどを焼却した。しかし，13日には三不管の軍用路ガード下の遺棄死体よりペスト菌が検出されたため，軍用路を中心とした三不管の交通遮断，隔離が行われた。

即ち，三不管でも患者は発生しているが，患者の発生が最も早くかつ患者が最も多かったのは新京駅の南側で新京の中心部にあたる東三条通である。ではなぜ，新京でのペスト発生地区が三不管だけであるような記述を山田はしたのだろうか。山田の書を参考としたとみられる森村も新京のペストは三不管で発生したとし，市中心部の東三条通地区についてはふれていない。ハリスも同様である。この三者に共通しているのは，1940年の新京および農安で発生したペストは，関東軍，具体的に言えば731部隊や100部隊の謀略による人為的感染であったという立場であることである。謀略による人為的感染の場所として，三不管はいかにもふさわしい場所である。

1940年の新京および農安のペストの発生原因には，関東軍の謀略による人為的感染説が根強くある。上記，山田，森村，ハリスの三者がその代表であるが，その他に解学詩[11]，中村明子[12]がいる。少なくとも山田，森村は関係者からの聞き取りを証拠としている。森村は新京や農安だけでなくハルピンの傳家甸で発生したチフス

やハルピン市東北二十キロの浜江省阿城県の満蒙開拓団で家飼育していた馬や羊が原因不明の病気にかかり大量連続死するという事件も取り上げ，この1940年に発生した一連の伝染病蔓延の裏に人為的感染があったとする。解とハリスについては常石敬一が，解があげる証拠の誤りとハリスの記述の不正確さを論証している。[14]ただしハリスの記述の不正確さの一つとして常石が指摘している以下の箇所，即ち「1940年にペストの流行に襲われ，その一帯を焼払われたのは，新京駅の北ではなく，南一キロの地帯だ。ハリスの言う，北一キロの貧民窟が何を指すのかは彼の文章から読み取ることはできない。「北一キロの貧民窟」は実在するのだろうか。」という部分は，不正確で，新京のペストは新京駅の南側だけでなく「北一キロの貧民窟」である三不管でも発生したのである。

　中村明子は，1940年の新京および農安で発生したペスト流行を調査した陸軍軍医学校軍陣防疫学教室（主任増田大佐）の高橋正彦による研究報告を論証に利用している。[15]これは，6編からなる研究の成果が報告されており，各報告には「担任指導　陸軍軍医少将石井三郎」とあり，当時731部隊長であった石井四郎の指導，管轄で行われた。この高橋報告によると，農安および新京で流行したペストは自然流行であるとしている。

　しかし報告によると，新京および農安で採取された全てのペスト菌株の性状は一致し，しかも731部隊で保存している強毒ペスト菌株の性状とも完全一致したという。したがって新京および農安で流行したペストは，731部隊で保存している強毒ペスト菌による人為的流行である疑いがあるとする。また自然流行によるのなら何故，公表されず「丸秘」扱いなのかという疑問も出している。

これに対して，常石は①謀略を立証する証拠を見つけることができなかった②農安や新京のペストの流行型が謀略の場合のそれとは異なり，自然の流行のそれだったという2点と，1940年の新京および農安でのペスト流行後の1941年2月石井四郎が関東軍軍務部長に「伝染病を人工的に蔓延させることの困難さとその困難さを解決する研究への着手」や「抵抗力の弱いペスト菌は爆弾や砲弾ではその爆発時に死滅するためノミを媒介して散布する研究を行っている」を語ったとされることから，自然流行説をとる。人為的に感染力の強い病原体を選び出すことはできても，環境条件が合わないと人為的に流行させることは出来ないという認識を石井は1940年の新京および農安でのペスト流行の防疫や調査研究を通して認識したとする。

　新京ペストが終息しつつあった1940年10月頃末頃，石井機関は浙江省寧波にペスト菌の散布作戦を展開した。ここで使われたのはペストノミで，ハルピンの731部隊で増やしたのを列車で南京の姉妹部隊，栄1644部隊に送り重爆撃機により穀物や綿にペストノミをまぶして散布したという。この攻撃で106人がペストで死亡した。

　陸軍軍医学校軍陣防疫学教室の高橋正彦の研究報告や森村が主張する一連の伝染病蔓延とその処置をみる限り，人為的感染の疑いを完全に否定することはできないが，人為的感染はかなり困難な上に，危険を伴うものであった。731部隊は，1940年の新京および農安でのペスト流行の防疫，調査をとおして，その散布方法を研究した上に，1940年10月末以降の実戦で使用したとする常石の説にここでは賛同したい。

4.三不管の防疫

　三不管の当時の交通遮断や防疫の状況はどうであったのか。三不管の住人によると

　「軍用路の両側に杭が打ち込まれて鉄条網が張られ，剣を付けた銃を構えた日本兵が十メートル置きに立って，厳重な警戒を始めた。三不管の住人だけでなく我々も含めて，誰も外に出られない。勿論学校へは行けない。白衣を着た医者や医学生たちがそこかしこに居て，重苦しい空気が辺りに満ち満ちていた。崖に近い民家から火の手が上がった。誰かが「ペストの発生源は燃やすしかないんだ。ペスト菌を持った鼠がこっちへ移ってきたら大ごとだぞ！」と叫んでいる。」

　とあるように，防疫活動の一環として家屋の焼却が行われた。この焼却の対象は満族を中心とした貧困層が住む家々であった。三不管およびその周辺の住民は一時的あるいは永久に移住させられた。隔離の中で交通遮断地区の家屋の焼却が行われた住民は強制移住させられた。貧困層が移住させられたのは寛城子の西側にある宋家窪子であった。

　三不管周辺での防疫活動は，どのくらいの範囲で行われたのだろうか。図37は『満洲日日新聞』に掲載された10月14日現在の交通遮断地区，及び特別警戒地区を図36の地図上に表示したものである。本源地区であり患者発生数が24名に達した新京中心部にくらべ，真性の発生数は1名であった三不管を含む寛城子地区の交通遮断地区，及び特別警戒地区は広すぎないだろうか。三不管で焼払った地区の跡には，関東軍の倉庫群が多数置かれた。

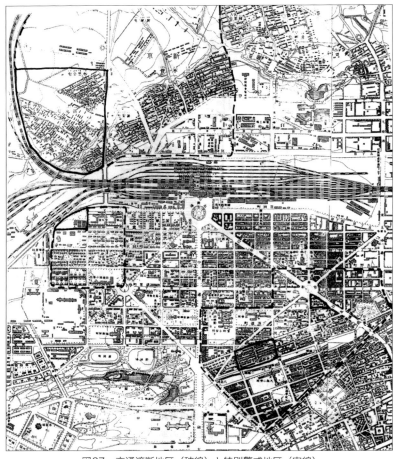

図37　交通遮断地区（破線）と特別警戒地区（実線）

　これは関東軍の補給を担当する主計19部隊の倉庫群である。寛城子の関東軍各部隊の施設，兵営や新京駅に近い広大な土地は軍の補給基地に最適であった。関東軍はペスト発生を利用して，

新京市の都市計画で開始されていた三不管の住民の強制移転を加速させ、跡地の軍用地への転換を図ったのではないかとみられる。

宋家窪子に移住させられた満族を中心とする貧困層を、関東軍は倉庫群で働かせる苦力として徴用した。憲兵隊に雇われた満族軍属が手先となって寝込みを襲う形で強制的に徴用し、日本人にしか米を配給しない問題とならんで、満族の怨嗟の的となり、それに抵抗した不満分子の中にはハルビン郊外の平房の731部隊の施設で実験材料にされた者もいたという。[17]

図38は1941年の三不管周辺である。大部分が関東軍倉庫として接収されているのがわかる。図中ではほとんど白地になっているのは軍事機密上の軍事施設を消去してあるとみられる。さらに寛城子駅に複数の引込線と新京駅への貨物線が敷設されている。満鉄倉庫としてある付近は事実上の関東軍倉庫の貨物駅であった可能性が大きく、寛城子駅とともにこの付近が関東軍司令部直轄の一大補給基地となったことが窺える。

▋おわりに

長春三不管を新京時期、1940年のペスト発生源であるとする見方は、上記の研究者だけでなく当時の住民にもいた。それは誤りであるが、なぜそのように信じたのか。それは三不管の持つ場所性、即ち所属不明の地としての治安の悪い魔窟、スラムとしての非衛生的な環境というイメージから来ているのであろう。三不管こそ人為的ペスト発生の謀略の舞台としてふさわしいと長く信じられてきたのである。関東軍はまさしくその場所性を理由とし、あるいは利用

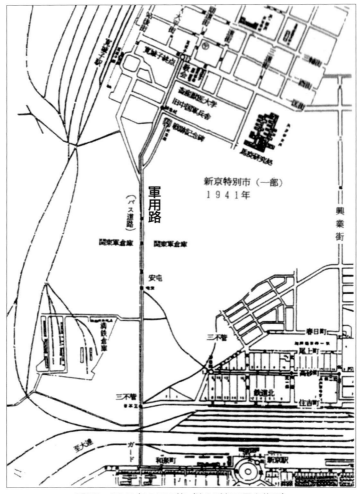

図38　1941年の三不管（注1所収の図を修正）

して三不管のクリアランスと軍の補給基地への接収，転換を強行したとみられる。

Ⅳ　長春三不管とペスト

図39　2006年5月3日の長春駅北口周辺（Google Earth ©）

　長春三不管は日本，ロシア，中国間でその存在が特に問題となったわけではなく，三国間の接触地帯にエアポケットのように自然発生的に形成されたスラムであり，下層民にとってのアジール的な不管地であった。満洲国成立とともに帰属の不明確さはなくなり，さらに長春の満洲国首都化と関東軍本拠地化にともないクリアランスと兵站基地化が行われ実質的にも存在しなくなった。

　図39は2006年時点の長春駅北口周辺である。付近の大規模な再開発が始まっているが，旧軍用路の西側，かつて関東軍の補給倉庫群があった地域は，やはり倉庫地区として機能していた。また写真の中で白線で囲んだ付近には，三不管時期の住宅群が残されていた。長春駅北口周辺は新中国後も長春の周縁地帯の性格を長く保っていた。現在は大規模な再開発も一段落となり，長春の新たなビジネス，商業地区として再出発をしている。

115

【注】

(1)『寛城子物語』長春寛城子会（2006），古田俊彦「満洲国が教え
　　たもの――マイナスをプラスに変えよう」駒澤大学教育学研究論集, 15
　　（1999）

(2) 前掲1『寛城子物語』p.114

(3) 山田清三郎『細菌戦軍事裁判』東邦出版（1974）pp.22-23

(4) 檀一雄『青春放浪』筑摩書房（1776）pp.192-193

(5) 前掲4

(6) 前掲1『寛城子物語』p.114

(7) 越沢明『満洲国の首都計画』日本経済評論社（1988）pp.154-
　　155

(8) 前掲1『寛城子物語』p.23

(9) 森村誠一『悪魔の飽食』角川文庫新版（1983）p.189

(10) シェルダン・H・ハリス　近藤昭二『死の工場：隠蔽された731部
　　隊』p.170

(11) 解学詩「新京ペスト謀略――1940年」『戦争と疫病――731部隊
　　のもたらしたもの』本の友社（1997）

(12) 中村明子「中国で発生したペスト流行と日本軍による細菌戦との
　　因果関係――1941年の湖南省常徳に対するペスト攻撃を中心に」『裁
　　かれる細菌戦』第三集（2001）

(13) 前掲9　pp.190-192

(14) 常石敬一『戦場の疫学』海鳴社（2005）pp.157-171

(15) 陸軍軍医少佐　高橋正彦「昭和15年農安及新京ニ発生セル「ペ
　　スト」流行ニ就テ」陸軍軍医学校防疫研究報告　第2部　第515号
　　（1943）

(16) 前掲1『寛城子物語』pp.124-125

(17) 前掲1　p.128

卡子（チャーズ）

　卡子は一般的には検問所を意味し東北方言でチャーズという。国共内戦時，国民党軍の支配する長春を中共軍が包囲したとき両軍の間には幅約一キロの中間地帯が形成された。包囲された国民党軍にはアメリカから航空機による物資の配給があったが，市民には配給されなかった。そのため飢えた長春市民は長春から脱出するため国民党軍の支配地区から門を抜け，両軍の支配下にない中間地帯に出たが，そこには多くの避難民がおり飢餓は一層ひどかった。そのため多くの避難民は中共軍側に入ろうとしたが中共軍側は技術者など一部の者しか受け入れなかった。再び国民党軍側に戻ろうとしても門は固く閉ざされていた。両者の卡子に挟まれたこの中間地帯は，「哨戒地帯」，「真空地帯」あるいは「卡哨内外区」とも呼ばれ中共軍側に出られず国民党軍にも戻れない十数万人の難民が毎日数百数千人餓死するという地獄絵図が生じた。

　1948年5月から10月半ばまでの5ヶ月余りの間続いた中共軍による長春包囲戦は，実質的には兵糧攻めであり長春市民の犠牲を厭わぬものであった。卡子と鉄条網で閉ざされた中間地帯はどちらの支配下にもない事実上の不管地であり，互いにとって都合の悪い者を排除し責任を逃れようとする支配層の考え方があらわれたものともみなせる。それは官僚制国家を永続させてきた伝統のなかで古来，行政境界地帯に形成されてきた不管地と類似していた。

　中共軍側には朝鮮系兵士が多く，中間地帯の中の難民，特に日本人に対して中共軍側に出ることを厳しく拒んだという。一度卡子を出た難民が戻ることを国民党軍側は完全に拒否した。いずれに

しても両側のなかなか開かない卡子と鉄条網で仕切られた中間地帯は，両勢力から管理を拒否された棄民の空間であった。

〔参考文献〕
●遠藤誉『卡子──中国革命戦をくぐり抜けた日本人少女』上　文春文庫（1990），門間理良「長春包囲戦役における難民処理に関する一考察」軍事史学34-1（1998）
●貴志俊彦等編『二十世紀満洲歴史辞典』吉川弘文館（2012）

V　韓辺外

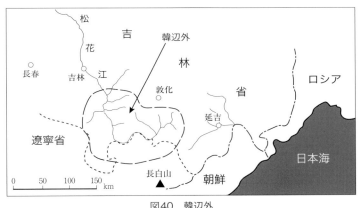

図40　韓辺外

　これまで開港場都市や満鉄付属地を事例として見たが，19世紀後半は国境地区の辺境地帯でも欧米列強が権益を求めて勢力を拡大しようとした時期である。その時期は清朝の統治力が弱まり一部の軍事警戒地域を除いて辺境の政治状況が不安定になる時期でもあった。このような地域がどのような条件と過程を経て不管地になったのかを韓辺外を事例にみる。韓辺外は，19世紀後半，清朝の衰退に伴い朝鮮国境近くの吉林省奥地で長白山西麓一帯に形成された半独立地帯である（図40）。位置的にはいわゆる西間島に属する。間島自体が清末，朝鮮半島，さらに中国東北部に支配権を及ぼうとする日本，ロシアの争奪の舞台となり，諸勢力が交錯する地域となりつつあった。韓辺外とは，その形成に主導的役割を果たした韓憲宗の綽名であったものが，次第に韓憲宗が支配し

た領域を指す地名として使われるようになったものである。国境に近かったことが，19世紀末からロシアや日本の占領，干渉を様々に受けることとなり，その特異性が国際的に注目されていたのである。[1]

1. 韓辺外の登場

そもそも中国では韓辺外はどのような存在であったのだろうか。韓憲宗が山東省登州府に原籍があったことから，山東省の東北への出稼ぎ移民にとって韓辺外はまさしく稼げる場所として憧れの地であった。しかしそのような移民が辺境地帯に集まり半ば匪賊化し半独立的状況を呈していることが，清朝にとっては大きな問題として捉えられていた。辺境地帯に対する統治を検討する「辺務」のあり方は，内外に様々な問題を抱えていたこの時期の清朝にとって急を要する大きな課題となっていた。この「辺務」と韓辺外との関係について，韓辺外についてのこれまでの唯一の先行研究である川久保悌郎「満洲金匪考―「韓辺外」のこと―」では最終的に韓憲宗が清朝から地方官の官職を与えられたことにより韓辺外は清朝に帰順し「辺務」のあり方に方向性を示したという評価がなされている。[2] この点については，帰順の実態から韓辺外の独立性，自治性について検討すべき課題である。

一方，清末の革命家，陳天華は1905年，中国同盟会の機関誌『民報』で「中国はよろしく民主政体に創り改めるべきことを論ず」という意見書を掲載した。中国民衆は専制政治を打破し新たなる政治のあり方を模索し民主的な政権を作り上げる能力があると主張する。其の事例としてあげられたのが韓辺外である。

V 韓辺外

「地方自治は，西洋人がほめたたえる所のものである。ところが，わが民族は野蛮の政府の下にありながら，その自治体の組織は驚くべきものがある。朝廷が市町村制を頒布したというわけではなく，また国民も政治法律の学を読むことができるというわけではない。ただ，己が心を師としつつ創り出しただけで，しかも（地方自治に）暗黙のうちに合致していること，かくの如きものがある。もしさらに政治思想，国家思想を付加すれば，その能力は限りないものがあろう。盛京（瀋陽），吉林の間に，韓の姓を名のる人たちがいるが，その地方では完全な自治権をもっており，日本，ロシア，清朝の，いずれもこれに干渉することはできず，その実体は，一つの小独立国に異ならない。韓氏もまた，地方の住民にすぎず，未だかつて書を読み字を識っているわけではなく，またその部内に文明の教育を受けた者があるということも聞かない。しかも，結局，文明の国民ができないことをやっているのである。思うに，天然の美質が備わっているのでないなら，どうして，こうした所にまで到達できようか。[3]」

　これが掲載された1905年の前の1900年前後からロシアは韓辺外を侵犯し金鉱の開削権を得ていたが，日露戦争の結果，日本軍により韓辺外から追い出されている。その意味ではすでにこの時点において韓辺外の完全な自治権や小独立国の基盤は揺らぎ始めていた。陳天華はそこまでは知らなかったが，清朝，ロシア，日本とわたりあうだけの自治能力を高く評価している。

　さて日本で，韓辺外の存在が知られるようになったのは日露戦争前後からである。1906年発行の『商業界』5月号に掲載された「東西南北生」なる者の著による「鴨緑江源の独立国」から一部を抜粋して，この当時の日本人の関心の一端を紹介したい。

121

「世界の大秘密を以て称へられて居る長白山一帯の秘密蔵は，今や余輩の前に現はれんと仕て来た。それは鴨緑江，圖們江，松花江，と此の三江の水源に独立の版圖を形作って居る間島である。間島！　間島！　間島の名は，電光の如く時々余輩の前に閃くが，未だ能く其の真相が知られて居らぬので有る。啻に余輩一人のみならず，如何なる旅行家も，地理学者も能く此の独立国の消息を明らかにして居る者は無い。然かも外間に洩る消息は，森林の大なることと金坑の豊富なるとで，千八百六十四年以来，松花江の水域に遠征隊を放って居る露国の如きは，特に垂涎して，其の消息を知らんとして居たが，未だ充分に其の勢力を揮ふこと能はずして今日に至ったのである。然るに地理の探求に冷淡なる我日本人の手に依って，今や此の秘密蔵の真相が露はれんと仕て居るのである。」

　このように日露戦争後，日本の関心が朝鮮に国境を接する間島に向くなかで，間島にあった韓辺外がとりわけ興味の的となった。ただし韓辺外という名称はまだ知られておらず，間島が韓辺外の代名詞となっている。

　「日本人の間に於て，此の秘密国の探検に志したのは今日に初つたのでは無い。曾て小藤理学博士は，地質学の研究を目的として北韓より満洲に出で，此の秘密国の一端を捉へて世に注意を促したこともあった。満洲旅行者として知られて居る小越平陸氏も，吉林より琿春に出づるの途，その一端を掠めたことが有つた。日露戦争開かるるや，志を大陸の富源に抱ける健児は，此の間島に注意を拂つたが，就中吉林方面に従軍していた鶴岡法学士は，某部隊に従つて長白山麓に入り，今川林学士も大本営より派遣せられて秘密の幾分を捉へ，福岡県人平山周氏も，其の筋の密命を帯

びて間島に入り，草王の住んでいる金城を僅に二十里隔たれる夾皮溝にまで入つたのは，意外の成績で，間島探究家としては，此の平山氏は最も効果を収めたものであろう。」

学術的な調査や個人的旅行は行われたが，本格的な探索が開始されたのは，日露戦争からで軍部の密命によるものが主体となった。

「此の多大の面積は，日露戦役の終結した今日，支那か，朝鮮か，何れの版図にも属せず，全く秘密の中に封ぜられて，野武士に等しき草王の掌中に帰して，無尽蔵の富源が自然に委せられて顧られないのは，無限の恨事ではない乎。」

日露戦争後，間島さらには中国東北部全域への支配の野心につながっていく意見の代表例である。日露戦争時まではロシアも韓辺外には日本同様の高い関心を持ち調査，探検を行っていた。韓辺外が日本やロシアから大いに関心が持たれ，「間島の独立国」などと紹介されていたことは，まさしくこの地域が隣接諸国の地政学の面から，また豊富な木材資源，地下資源などの面から着目を浴びつつあったことの反映である。

この韓辺外が中国において近年，注目されつつある。中央電視台8チャンネルで韓憲宗の生涯がドラマ化され「関東金王」として放映された。その背景には，北朝鮮との国境地帯で脱北者が多い西間島での漢族の活躍の歴史を強調するねらいがあったとみられる。

2．時期区分

ここで韓辺外の形成から衰退までを幾つかの時期区分を行なってみたい。韓辺外の形成は韓憲宗が夾皮溝の鉱夫たちのリーダ

一となり自ら「統領」と称したという1856年としていいとみられる。これ以後を形成期とする。官憲側には金匪とみなされたため韓憲宗は様々な交渉により韓辺外の存在を認めさせようと画策する。最終的に清朝の帮辨辺務大臣に「南山練総」という職位を与えられ公認されたのが1880年である。その後，周辺の鉱山開発が行われ，韓辺外の長大かつ広大な領域が形成され安定した統治がなされた。1894年の日清戦争時には清朝側で参戦し日本軍と戦った。この時期を安定期とする。1902年，侵犯を繰り返すロシアと講和しロシアが開削権を得た。1904年の日露戦争時にはロシア側につき日本側に攻め込まれ以降日本の圧力が強まる。1907年に樺甸県が設置され韓家の勢力範囲は県内の七，八区に限定された。県の新設は帝国の直接統治を意味する。1934年に韓家は破産し日本の大同殖産に吸収される。ここまでを衰退期とする。以下，各時期の概略についてふれてみる。

1）形成期（1856～1880）

　19世紀初頭以来，満洲の封禁策は次第に緩められ，東三省への漢族に移住は増加した。道光年間には山東移民の馬文良により，吉林省松花江東源流域の夾皮溝で砂金が，続いて金鉱脈が発見され私掘が行なわれた。以後，数千人の鉱夫が集団や個人ごとに先を争って私掘を行ない始めた。咸豊3年（1853年）戸部は国庫窮乏のため，各省に通令して金銀鉱のあるところでは採掘を許可し税金を納付させるようにした。これで私掘が増加し始めた。その中から山東移民の韓憲宗が頭角を現わした。韓憲宗の原籍は山東省登州府で盛京省復州に嘉慶18年（1813年）生まれた。20

歳の頃，賭博による負債から逃げて樺甸で砂金掘りを行い利益を
あげ戻った。道光15年（1835年）再び賭博による負債から逃げて
樺甸から延吉方面で砂金掘りを行ったが，失敗し，地陰子に来て
土地の豪族侯家に入って労役に従事していた。道光26年（1846年）
再び賭博に失敗し侯家を逃れて夾皮溝に赴き鉱夫となった。馬賊
との戦いなどで頭角をあらわし，咸豊6年（1856年），自らを「統
領」と封じて，「覇吉林南山」と称した。このように地方勢力として
成長した韓辺外の存在を官憲側も無視できなくなった。官憲側も
度々派兵したが，そのたびに韓憲宗側に敗退した。ここまでの経
緯をみても，韓憲宗はこの当時，砂金，金鉱の私掘を行った「金
匪」の典型的な生き方であり「統領」までに上り詰める過程におい
ても「金匪」仲間と血盟を結びリーダー的地位を確立していった。

　同治7年（1868年）吉林省での金銀鉱，石炭鉱などの採掘は多
数の鉱夫が蝟集し治安上，問題があることや，満洲族の聖地で猟
場である地域の地脈を傷つけ風水上，問題があるという理由で官
弁による鉱山開発は中止となった。しかし私掘はむしろ増大し，山
東や朝鮮からの移民が咸豊，同治年間に増加した。特に韓一族
の威光を頼って山東からの移民が急増した。同治年間の最盛期の
金の日産量は500両で，約5万人もの鉱夫が蝟集していた。韓辺
外の名はこの地方内外に喧伝せられ黄金境を想起させるまでにな
っていった。図41でわかるように，夾皮溝は河川谷〜周辺の山の
山腹に砂金採掘場や金鉱が点在していた。谷間に集落が形成さ
れ老韓家がある上劇台が中心であった。上劇台，宝劇台，下劇台
などの地名からもわかるように，夾皮溝には鉱夫の唯一の娯楽機
関として劇台が幾つか設置せられ，遠く吉林や奉天あたりから劇

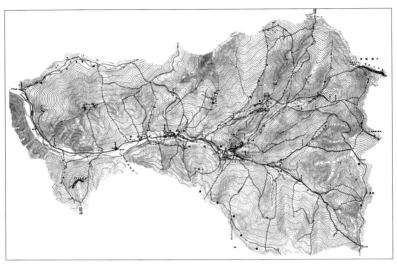

図41　夾皮溝（『北満金鉱資源』より転載）

団を招き演劇が行われた。また韓憲宗は夾皮溝だけでなく，周辺の河川谷一帯を探索させて多くの金山開削や砂金採掘を行なわせ，それらの発展と共に自らの勢力を拡大し韓辺外も点から面を有した領域空間となった。

　度々の討伐に失敗した官憲側は次第に対決するよりも利用する道を選んだようである。同治4年（1865年）吉林将軍が韓憲宗を郷勇として農民反乱を鎮圧させた．翌年にも農民反乱を鎮圧させ，その軍功として「六品軍功」を与え，開墾を許した。しかし韓憲宗は政府に帰順したわけではなくあくまで独自の地方政権としての道を歩んだ。光緒6年（1980年）呉大澂が韓辺外に単身乗り込み韓憲宗を吉林府に連れ帰り吉林将軍，副都統などに謁見させた。そのとき韓憲宗は租税を一年に一度，一千両余りを吉林知府に納

126

入することを約し，その代わり自治的存在を認めさせた。韓辺外にとって採掘した金を販売するために韓辺外の外の領域を通過する交易路を確保せざるを得ず，租税は韓辺外にとっていわば海関税のようなものであった。韓辺外の清朝との関係はこの租税納入だけが唯一の義

図42　韓辺外統治図

務であり，これ以外の義務的関係は生じなかった。鉱業権も韓一族が自ら開弁したことが認められ清朝，ならびに次の民国政府の一般的な鉱業関係の法律とは独立した扱いとなった。また韓憲宗は「南山練総」という職位を与えられたが，これは清朝がその自治を公認した官職であり韓辺外は自治政権として確立した。

2）安定期（1881～1901）

　この時期は金鉱の開発を進めると同時に自治自衛力を確立させ安定した時期である。広大になった領域の統治上の基盤となったのが郷勇会（団錬会）である。その会首に各地の司法，行政，財政，軍事を掌握させた。会首は韓憲宗が選任した。1889年夾皮溝東方の東間島に属する大沙河，古洞河，熱閙に会首を任命し，韓辺外は最大領域となった。地陰子と樺樹林子が本部で，他に夾皮溝を含む7会に会首を置き統括した（図42）。この2本部7会に兵勇を総計で600名余り駐屯させた。兵勇は志願であり殆どが山東人

であった。韓辺外内部の警備と共に韓辺外外部から度々侵入する馬賊と戦った。各会には地冊簿を備え所轄住民の姓名，原籍，家族，耕田数などを詳記し収租の基本台帳とした。本部には総地冊簿があり韓辺外全域の住民に関する情報がまとめられていた。

　租税は，砂金に関しては各人の随意採掘に任せ，所得額の十分の一を韓家または各会に納めさせた。各人の所得の実態については，韓家より常時，人を派遣して採掘の状況を掌握し，各人の所得額を検算していた。韓辺外内部の犯罪については各会が取り締まり罪状に応じて刑罰を科した。韓辺外外部の人間の場合は，吉林府に護送した。刑罰は一般に厳しかった。域内には学校が9あり私塾に近い存在であった。

　清朝との関係は前述の如く租税納入以外には義務的関係はなかった。ただ1881年吉林西関前興街に院宅を修建し吉林衙門との連絡の経路は残していた。韓辺外が清朝に協力したのは光緒20年（1894年）日清戦争のときである。清朝は韓憲宗を招き抗日義勇軍の形成を頼んだ。韓憲宗の孫の韓登挙が兵勇500人余りを率いて出征した。光緒23年（1897年）韓憲宗の死後，孫の韓登挙（図43）が後を継ぎ，夾皮溝の採金業は同治年間の最盛期ほどではないにしても韓辺外の存立基盤を支え続けた。ただし採金の方法は旧式であった。

3）衰退期（1902〜1934）

　日清戦争の頃より韓辺外に対する日本，ロシアの干渉，侵犯が目立ちはじめた。韓辺外は日本，ロシアに対して，どのような対応をするかが大きな課題となり始めた。すでに1899年，韓登挙は武

128

装力の強化の一環として本部がある地陰子と樺樹林子に弾薬庫を建設した。1900年, ロシア軍が韓辺外を度々侵犯しまた吉林省城を占領した。韓登挙は兵勇を率いて戦ったが敗退した。翌年春, 韓登挙は逆襲に成功しロシア軍を敗退させた。

ロシア軍との前面対決を恐れた清朝は1901年, ロシアとの間に「新訂吉林開弁金鉱条約」「続訂吉林開弁金鉱条

図43　韓登挙 (注4　小藤文献による)

約」を締結した。これに基づき清朝は韓登挙に厳命してロシア側と交渉の席に着かせた。ここから韓辺外の自治性, 独立性が揺らぎはじめている。最終的にロシア側の要求を受け入れざるを得なくなり夾皮溝にロシアの鉱山開削事務所が開設され開削が開始される事態となった。その坑道は「大鼻子井」と呼ばれた。

1904年日露戦争が勃発した。日本軍将校らが率いる「満洲義軍」がロシア関係者を夾皮溝から追い出した。これ以降, 韓辺外は日本との対応が課題となった。前述のように, 日本の様々な関係者が韓辺外の探検を試み始めた。そして日本のメディアに韓辺外が登場しはじめた。1906年5月『商業界』が韓辺外を「間島の独立国」として紹介した。9月には読売新聞が韓辺外を独立国として紹介した。1907年朝鮮統監府が置かれ, 間島に派出所ができ,

間島を一時，日本が管理した。この背景の中で，日本人が韓辺外に入り韓登挙にせまって鉱山の合作事業を求めたり，遠山満らが間島遠征隊を組織し夾皮溝金鉱を占領することを宣言した。

　このような状況の中で，韓登挙は清朝側に支援を求めざるを得ない状況となった。「辺務」のあり方として在地の有力者に官職を与え自治権を認める代わりにその地域の統治を委任するやり方は，国外の圧迫が強まる中で限界に近づいていた。この地域の統治力，行政力を高める必要性を認識した清朝は，1907年，韓辺外の領域に樺甸県を設置し，直接統治を始めた。その結果，県内の七，八区のみが韓家の勢力範囲となった。この時期に韓辺外を探検した東京帝国大学教授で地質学専攻の小藤文次郎の探検記がある。[4] 1910年の韓国併合の翌年，吉林から韓辺外を経て間島までの探査記にはこの時期の韓辺外の状況が記されている。韓登挙の本拠地である夾皮溝の韓家の大邸宅の前に樺甸県の県治が建設されていた。統治権を韓家から奪取する意図が明白である。韓辺外を支えた砂金採掘も衰退し夾皮溝の鉱山集落も衰退していた（図44）。

　韓登挙自身は吉林に居住していた。さらに1910年娘娘庫地方が安図県に画帰され，大沙河，古洞河の会房を閉鎖せざるを得ない状況となった。統治権を回復する試みが行われるなか，1915年，袁世凱は二十一か条要求で九大鉱権を売った。夾皮溝金鉱もその対象の一つとなった。さらに1918年，段祺瑞政権が日本との間に吉林，黒龍江両省の金鉱と森林を担保とした借款に関する協定を結んだ。このようななかで同年，韓家，鉱権を日本に奪われることとなった。1919年韓登挙が失意の中で死去したあと，それまで韓辺外で使用されていた砂金の包みの重量を以って通貨としたも

V 韓辺外

図44 夾皮溝集落（小藤文献による）

のが吉林省通貨（票，銅貨，銀貨）が流入するようになり従来の通貨に取って代わるようになった。また女人禁制だった韓辺外に売春婦が入ってきた。これらは韓辺外の金山の衰退と統制力の衰退を示すものであった。

1923年，鉱権を奪回することができたが，韓辺外の存立基盤は風前の灯となった。そして1925年樺甸県は韓家の兵勇を解散させ第七区，第八区を県の直接統治下に置く。ここで実質的に韓辺外は消滅する。しかし第七区，第八区の土地，山林，鉱山のかなりの部分を所有し，韓家はまだ勢力をかろうじて保っていた。この時期の調査報告によると夾皮溝では韓家は老韓家といわれ，韓辺外の統治上，経済上の中心機関であった会房や邸宅であった西大院の豪勢な屋敷群が残っていた。1934年，韓家の財務が日本の

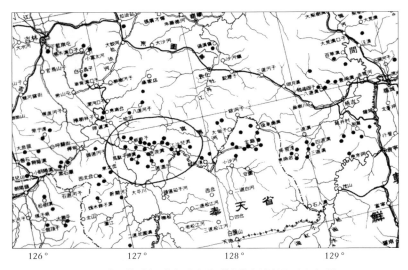

図45　韓辺外（衰退期）●金鉱（『北満金鉱資源』より転載）

大同殖産に接収されることで韓家は破産し一族は離散する。

しかしこの地区の金鉱資源が減少したのではなく、図45にあるようにまだ多くの金鉱が存在していた。さらに未熟な採掘技術では開削できなかった金鉱脈がまだ豊富にあることが日本側の調査の結果わかり、満洲国の時代の中で開削が続けられた。韓家を中心とした韓辺外は消滅したが、この後、中朝国境地帯は共産軍、朝鮮独立義勇軍などの根拠地となり、満洲国、日本と対決した。形は変わったが、不管地としての地理的慣性はその後も引き継がれた。

韓辺外は清朝の統治力の衰退時期に鉱山開発の移住勢力が形成した。そこには韓一族を中心とした山東省の同郷組織が靱帯となり自治的な地域が形成されていた。国内的要因によって形成されたが、朝鮮との国境への近さ、金鉱山の利権の存在、半独立的

図46　2010年6月8日現在の夾皮溝（Google Earth ©）

形態がロシアや日本からすると清朝や他国の支配下にない不管地的存在として地政学的関心を呼んだ。その意味では清朝から半独立的状態にあるが故にロシア，日本の干渉，侵略の対象となりやすくなり，近代の国際的地政学の枠組みのもとに登場した不管地といえる。また伝統的な同郷組織を基盤としたアジール的色彩も強い。形成，安定，衰退の各時期において当初は清朝，次いでロシア，日本の三者とどの程度距離を置き，対応していくかが韓辺外の大きな課題であった。国際的な三不管体制を維持していくのに腐心がなされ韓家は長く地元の勢力家としての地位を保ったが，最終的には日本側との抗争の道を選び中国政府に帰順せざるを得なくなった。

　現段階では，韓辺外の領域とそれを構成する鉱山の変遷，中心であつた夾皮溝の鉱山集落の形態をはじめとする辺境不管地の景観的特徴，主要移民である山東移民の存在形態と山東省との関係，

部族国家としての完成度などの解明が不充分である。これらについては，今後の課題としたい。

　現在も旧韓辺外一帯は鉱山開発が進められ，夾皮溝付近は中国黄金集団礦業公司が金鉱脈の発掘を進め，夾皮溝は図46のように大きな鉱山集落へ発展している。韓辺外時代，満洲国時代の金鉱山関連施設は東北の近代化の産業遺産として調査が開始されている。

【注】
（1）韓辺外については守田利造（1906）『満洲地誌』丸善，門倉三能（1936）『北満金鉱資源』丸善，李樹田主編（1987）『韓辺外』長白叢書，吉林文史出版社を参照した。
（2）川久保悌郎「満洲金匪考──「韓辺外」のこと」文経論叢（1972）
（3）西順蔵ほか『中国古典文学大系58　清末民国初政治評論集』平凡社　野村浩一訳（1971）p.327，澁谷由里『馬賊で見る「満洲」』講談社選書メチエ（2004）
（4）小藤文次郎『長白山陰草王ノ黄金國』出版者，出版年ともに不詳，筑波大学中央図書館蔵
（5）前掲14の文献

東北の金鉱山

　道光より咸豊・同治年間にわたる封禁以来，流民や罪人などが流れ込み清朝にとって「化外の地」となった東北は，韓辺外の他にも採金を生業とする者たちが集住し官憲の支配下にない集落や地域が数多く存在していた。吉林省や黒龍江省は豊富な金銀などの資源をめぐり，漢人だけでなくロシアも狙っていた。

　吉林省は韓辺外をはじめ各地で漢人私採の鉱山，集落が形成された。多くが山東移民であったが，韓辺外ほどではなくとも頭目を中心とした集団社会が存在した。ロシアが東清鉄道敷設権獲得の頃から，ロシア人による占拠，盗掘がみられるようになったが，北清事変以後は官民協力によりロシアの駆逐が叫ばれるようになり吉林省弁による金鉱山採掘が中心となった。

　黒龍江省は，ロシア人が同治二年漠河での砂金発見に始まり，漠河流域には黄金境が出現したかのような状況にまでなり，光緒十三年清朝によるロシア人討伐が行われ，北洋大臣李鴻章により清朝官弁による漠河金鉱局が創設され国家の管理を開始した。しかしその他の地域ではロシア人の越境，盗掘が絶えず，北清事変以後はロシア兵により金鉱山の占領が相次ぎ，光緒二十七年には黒龍江省金鉱山採掘権まで得た。しかし光緒三十年の日露戦争後，清朝は黒龍江省の金鉱山採掘権を取り戻し省弁として各金鉱山の採掘を行った。

　吉林省，黒龍江省ともに漢人，ロシア人による私採が目立ち清朝の管理外にある金鉱山が多かったが，次第に省弁，官弁という形で清朝側の管理権，採掘権が確立するようになった。しかし日露

戦争後は吉林では日本の勢力が浸透し始め，民国期に入ると匪賊の台頭による治安悪化のため休山する例が増加した。満洲国時期に再開したが，朝鮮，ロシア国境近くは反日，共匪等の匪賊の活動が盛んとなり不管地となる場所が少なくなかった。

〔参考文献〕
●門倉三能『北満金鉱資源』丸善（1936）

VI　香港九龍寨城の不管地空間

　これまで述べてきた国内の不管地は日本と汪兆銘政権との間で結ばれた条約により1943年に租界，租借地の中国回収が行われ消滅した。日中戦争の終結後，香港は再びイギリスがその海外領土と租借地を合わせた形で，統治権を復活させたが，その中にあった不管地が再登場することになった。それが九龍寨城である。九龍寨城は戦後の中国国外にあった不管地の例としても取り上げることが可能である。ここに絡むのは，中国共産党政権，台湾の国民党政権，そしてイギリスである。「はじめに」で述べた無規制の中で自らの「慣例」に従い高層化していった不管地の変化の有様と管理のあり方に焦点をあててみたい。一般的に九龍寨城は「東洋のカスバ」「魔窟」という面だけで語られがちであるが，実際はどうであったのかをみてみたい。[1]

1.　帝国寨城の不管地化（1841～1945）

　九龍は，宋代に新安県の塩田の一つで，その塩取引に携わる兵士の駐屯地として形成された。この基地は九龍寨城と呼ばれた。1810年には海岸近くに駐屯地が拡大された。1841年にイギリスは香港領有を正式に宣言した。これに対抗して，イギリス領香港となった香港と中国側の境界に隣接する九龍寨城に清は巡検司を置き九龍巡検司とし，九龍寨城の兵も150人に増強した。1847年に本格的な城壁が竣工した。厚さ1.6-3.3ｍの城壁と楼を各4座，

図47　1910年代の九龍寨城（注78の『香港事情』より引用）

大砲32門，城内に巡検司などの各衙門，武帝廟などが置かれた。白鶴山の南斜面に半月形の城壁となったが，明らかに風水に則る形で造られた。また風水の関係で白鶴山の頂上まで外城が付設された。20世紀の初めの頃の九龍寨城の写真でわかるように，白鶴山から出る龍脈を外城により取り囲み寨城にもたらす形態となっている。周囲はまだ田園で寨城の家屋群が目立つ（図47）。

　九龍寨城の風水について住民の証言として，ここは風水上とても良いとされた。低めの山場を背にして，南側は海に面している。城内にあった二つの大井戸は九龍（九匹の龍）のうちの一匹の目と例えられていた。いい風水のおかげで九龍寨城では成功して金持ちになった人はたくさんいたとみなされていた。九龍寨城の風水については住民もその吉相を信じていた。

　1860年にイギリスは英清北京条約により九龍半島の界限街以南を割譲させた。九龍寨城は界限街以北に位置し割譲地外であったが，中国側にとってイギリスへの監視，抵抗の拠点として重要で

138

あった。しかし1898年，界限街以北は新界としてイギリスが99年間の期限の租借地とした。九龍寨城の管轄権は香港の安全を妨げない限り引き続き認められ，城内には544名の兵士と兵員の家族など民間人200名がいた。1899年の新界の接収時に香港政庁側が九龍城塞を占領し，官員，兵士，住民に退去を要求し，九龍寨城も他の新界と同様，政庁の統治下に置くことを通告したことから「九龍寨城問題」が発生することとなった。清朝側はこれに抗議した。官員，兵士は九龍寨城からいなくなったが，清朝側は管理権を主張した。以後，九龍寨城は実質的に不管地となった。

　九龍寨城の帰属，管理の問題は中華民国の時代になっても決着がつかず，中国側が城内の施設管理をしようとするとイギリス側から抗議され，香港政庁が九龍寨城の住民の立ち退き，住み替えを図るたび中国側から抗議され中断するということが繰り返された。1930年代の九龍寨城付近の地図（図48）をみると，城内は幾つかの施設の他は，民家が散在している程度だが，東南角にあった東門から海岸部へ抜ける道に沿って集落が形成されている。これは九龍寨城が造られて以後，城内の官員や兵士，その家族の需要のための商店街があったとされている。30年代には九龍寨城周辺一帯に開発が及び，格子状の都市計画が実施されつつあった。

　日中戦争が始まり中華民国政府が四川省に追い込まれつつあった1940年，九龍寨城の住民に対して強制立ち退きを実施した。老人院，旧龍津義学，曾姓の民家など一部建物をのぞき民家50余軒を一掃した。中国はイギリス公使，広州駐在イギリス領事に厳重抗議した。太平洋戦争時の1942年，香港を占領した日本軍は啓徳飛行場の拡張工事に九龍寨城の城壁を破壊し材料として

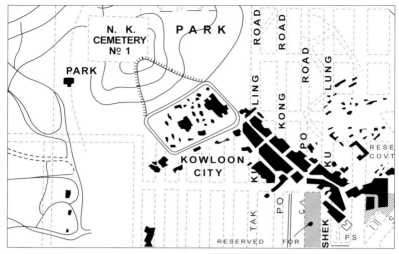
図48　1930年代の九龍寨城周辺図

使用した。九龍寨城は城壁なしの空き地となりそこにわずかな農家を残して寂れた。清末以降，九龍寨城に対する管理権の主張は出来てはいたが，イギリス側に押されつつあり，最終的には太平洋戦争時，日本軍に占領され寨城の象徴である城壁が破壊された。実質的にも九龍寨城はこの時点で一旦消滅した。

2. 三不管化 (1946〜1962)

太平洋戦争終了後，国共内戦が激化し多くの難民が香港に押し寄せた。日本軍の退去とともに，九龍寨城は再び不管地となった。どの主権も及ばない九龍寨城にはそれらの人々が流入した。1947年，香港政庁は増え始めた木造バラックの取り壊しを通告したが，

VI 香港九龍寨城の不管地空間

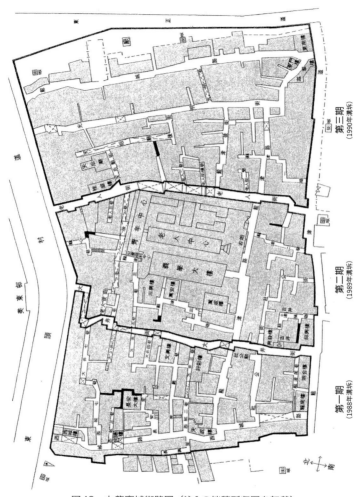

図49 九龍寨城街路図（注1の拙稿所収図を転載）

中華民国政府の抗議で外交問題となった。次第に人口が増加し始めたといっても1950年代は九龍寨城にはまだ養豚業者や農家があったほどであり，戦後まもなくの頃はまだそれほど稠密ではなかった。

　九龍寨城が低層の家屋を中心としたこの時期には1階に東西南北に形成されていた街路が交通，商業の中心であった（図49）。その中で最も古いのが東西に走る龍津路で，寨城が建てられた1840年代には既に存在し，衙門施設の前を東西に走っていた。次が南北に走っている大井街であった。城壁が破壊される前には既に存在し，貴重な水源であった井戸への通路であった。城壁が破壊された後，1951年に南側城壁の跡に東西に形成された龍津道であった。南北に走る老人街が形成されたのは1950年代初めである。高層化する以前の九龍寨城時期に形成されたこれらのグランドレベルの街道は高層化以後も，城内を南北，東西に連絡する最もわかりやすい通路として機能し続けた。

　1948年，香港政庁は74軒の強制撤去を実施し，抗議した住民に警官が発砲6名が負傷した。香港だけでなく，広東，上海に反英暴動が広がった。1951年，九龍寨城一帯の木造住宅5000戸が火災で焼失し，2万人が罹災した。中国からの慰問団がこの地区に立ち入ることが拒否され住民と警官の衝突が起きた。支援にやってきた中国側の関係者と警察が衝突し，ネイザン通りではバスが燃やされたこともあった。火事の後，焼失した一帯はイギリスの領域になると宣言されたが，住民は無視して元の場所に新しい家を建て始めた。今度は木ではなく石やレンガで，平屋でなく2，3階建てになった。火事や取り壊しが繰り返されるうちに，コンクリート

造りのビルが増え始めた。

　住民の抵抗の激しさの背景には1949年の中華人民共和国政
府の成立がある。イギリス側は香港と隣接する共産党政権の中国
を無視できず、西側では最も早く1950年に中華人民共和国を承
認した。ただし台湾の中華民国政府と国交していたため、共産党
政権とは大使の交換は行わなかった。香港政庁およびイギリスと
の力関係における変化を背景に、というより利用して香港政庁の
九龍寨城への管理、規制を可能な限り住民は排除するようになっ
た。1952年頃から、九龍寨城に麻薬、賭博、売春がはびこり始め、
1953年にはストリップ劇場が出現した。単なる不管地ではなく敢え
て不法な業種やそれに従事する衣食住に規範がない者達が集まる
不法地帯という意味での「三不管」という呼称で九龍寨城が呼ば
れるようになった。また管轄的にも、香港政庁、共産党政権、国民
党政権の三者のどこに属するのかが不明な「三不管」となった。

　前述のように中華人民共和国の成立以後のイギリスとの力関係
の変化により香港政府の九龍寨城への管理、介入はしづらくなっ
た。中華人民共和国の成立による香港政庁との力関係の京華を利
用して、香港政庁の九龍寨城への管理、規制を可能な限り排除す
るようになって、それを最大限に利用して流入したのは中国、中で
も潮州系移民であったが、潮州系秘密結社である14k（サップセイ
ケイ）、新義安も流入した。

　麻薬、賭博、売春がはびこり始めた1950年代になると、九龍寨
城はストリップショー、セックス、ギャンブル、犬肉で有名になった。
学校の敷地内にもストリップショーの店やポルノ映画専門の映画館
ができていた。治安が悪かった時期は、城内をうろつくものでは

なかったという。九龍寨城で殺人事件があっても気に留める人はいなかった。いろんな違法ビジネスが多く，路地中はヘロインの売人がみられ，城内でヘロインも作っていた。城内で逮捕者は出なかった。売春宿がたくさんあり，一つの宿に10人以上はいたという。潮州系の秘密結社14kは，九龍寨城の他，黄大仙，旺角などで麻薬取引，強盗，抗争に関わった。当時の香港では麻薬をやっている人間は何百人もいて，毎日何人もが死んで，道端に投げ捨てられた死体は市政総署が回収していた。警察が九龍寨城でパトロールを始めたのは1970年になってからで，九龍寨城に逃げ込むと，警察は何もできないという状態だった。秘密結社は警察に賄賂を払って，ヘロインのある場所には来させないようにしていた。

　九龍寨城が麻薬，売春宿，賭博場で有名だったのは1950，60年代で，雑誌『七十年代』によると，最盛期には，賭博場27軒，アヘン窟19カ所，ヘロイン窟17カ所，売春宿30軒以上，酒の密輸入業者3軒，盗品を扱う業者3軒，無認可の麻雀荘15軒，犬肉店20軒，ポルノ映画館5館，闇金融業者4軒，麻薬製造工場4軒があった。60年代，ヘロイン中毒者は光明街に集中していた。当時，その一帯は中毒者が吸うヘロインの煙が立ち込め，木造小屋が立ち並び電台街と呼ばれていた。

　このようにみてくると九龍寨城全域が「魔窟」化した印象を受けるが，麻薬，売春宿，賭博場があったのは寨城の東部の光明街を中心とした一画で西部は一般市民の居住区であり，他の九龍地区と変わらない市民生活が営まれていた。また九龍寨城だけが麻薬，賭博，売春の中心であったわけではない。

　九龍寨城の生活状況はどうであったのか。水問題は深刻でギ

ャンブルの常習者である井戸の所有者がポンプの栓をわざと閉め，住民にはポンプが故障したと思わせ住民から修理代と称して金を取っていた。井戸水は汚染されて飲めなかった。飲料水は屋根の上のタンクから供給されていた。電気は城塞周辺の電線から盗電されていた。後述する城砦福利会が1960年代以降，不動産取引や生活環境の改善に取り組むまでは，公的サービスや公的管理は行われていなかったし，香港政庁の公的サービス管理を，住民自体が拒否しているような状況であった。

　多くの住民にとって九龍寨城を選んだ最大の理由は賃料の安さと営業を行うにあたって様々な許認可がいらないことであった。香港政庁に対して納税する必要がなかった。九龍寨城を選んだのは，賃料が安いし営業許可証がいらなかったからである。城外で商売をしようと思ったら，政府から労働に，衛生に，消防にいろいろな許可が必要であった。営業許可がなくても商売ができ，帳簿を着ける必要もなく，従業員を雇っても報告する必要はないという状況であった。

　城内で営業するのは問題ではなかったが，城外になると香港政庁の厳しい取り締まりを受けた。政府は城内の肉加工の工場には城外での販売営業許可を出さなかった。営業許可のない城外の市場で売ると取り締まりの巡回に見つかると逮捕された。巡回のない祭日には売り上げが倍増した。城内でも製造直売の小売店だけに売っていた。行商人が常に来ていたから，商品をそろえることは難しくなかったが，掛けでの取引は絶対に許してもらえなかった。必ず商品と引き換えの現金払いが求められた。九龍寨城では分割払いも断られることもあった。銀行からの貸し付けは受けられな

いし，保険会社も保証してくれない。事業を登録する必要はないが，税務署からいつも税金を支払うように追い回されている者もいた。

インキュベーターとしての九龍寨城の役割は，寨城外では営業許可，免許が必要な業種でも，寨城内なら開業できることである。さらに中国での免許は香港では無効であったが，寨城内なら有効であった。寨城で最も目立った看板は歯医者の看板であったが，寨城外なら開業できなかったところを，寨城内では堂々と開業できた。九龍寨城の最盛期には無免許の歯科医は150人ほどいたが，1987年には86人にまで減った。彼らのほとんどは，歯の洗浄，ちょっとした詰め物，入れ歯の作成などの基本医療しか行っていない。もっと複雑な治療が必要な時には正規医を紹介していた。歯医者だけでなく医者も同様であった。イギリスの免許がないと香港では開業できなかった。賃料は外のどこよりも安かった。診察料は城外の医者の三分の一位であった。貧しい人が多いからである。手術が必要な場合は城外の正規の医者を紹介していた。

戦後まもなくの頃，この付近に住みだしたのは潮州系の人々であった。広東人とは話す言葉や文化や習慣も違う潮州人は九龍寨城の人口の約70％もいて，城砦福利会，不動産ディベロッパー，水道業者，そして秘密結社でもその大半を占めていた。彼らは1950年代に九龍寨城周辺に不法滞在し始め，共産党の支配に耐えかねたその親類縁者たちも，言葉や文化に自然と惹きつけられてここに集まってきた。

中華人民共和国の成立により，九龍寨城の住民は，香港政庁に対して，その管轄を拒否するバックアップを得た。しかし住民には共産党政府を嫌って不法流入した者も多く，共産党政府の管轄も

嫌った。また共産党政府と国民党政府の対立も，住民には好都合
な場合が多く，三者の政権のどこにも属したがらない「三不管」が
形成された。「東洋のカスバ」，「魔窟」の実態が最も強くあったの
は，この時期である。九龍寨城を取り囲む環境の中で，住民は特
定の政権による管理，管轄を可能な限り忌避する傾向が強かった
ことが「三不管」が形成された要因である。公的管理を嫌った住
民の最後の砦は，潮州系を中心とした同郷の絆であった。

3. 自主管理の兆し (1963〜1973)

　自由放任的状況の中で，1963年9月，住民によって城砦福利会
が設立された。これには1963年初頭におきた事件がきっかけとな
っている。過度の居住人口により次第に無計画な増築によるスラ
ムが巨大化し「三不管化」が進行するなかで，香港政庁は香港
のスラムの一掃計画にあたり，まず九龍寨城から手をつけようとし
た。東頭村道，龍城道，龍津路，光明街などの家屋を1962年11
月から12月にかけて調査，住民を登記し，1963年2月に住民を移
住させ家屋を壊すことを通告した。これに対して，1963年1月17日，
中華人民共和国政府外交部はイギリス政府に対して，九龍寨城は
中国の領土であり中国に管轄権があるので，香港政庁が住民に
対して家屋の取り壊しのために移転を迫るのは不法であり直ちに
中止せよという抗議を行った。これには，1961，62年当時，華南
沿岸で台湾の国民党政権による特務活動が活発化していたり，中
印国境紛争でイギリスのインドへの大量の援助があったりするなど，
香港を取り囲む国際環境の変化の中で，中国は香港に対して警戒

147

を強めざるを得ない状況であったことも関係している。一方住民は台湾にも電報を打ち，どこが一番気にかけてくれるかを問題としていたという。

　反対運動を行った住民も，単なる反対だけでなくこれ以上のスラム化や「三不管」化を自分たちの力でくい止めなければならないという意識が高まった。また九龍寨城の防災，治安を放置するわけにもいかない政庁としても，この住民運動を自主的管理の組織として発展させることに援助した。これが，城砦福利会の設立につながった。火事や泥棒の取り締まりの他，時報管理や住民の監督をすることとなった。左派の支配は受けなかったが，左派の考え方があらわれた改革派のグループが運営していた。福利会には中国旗が掲げられていたのはその表われであった。

　城砦福利会が活動を始めてまもなく中国で文化大革命が始まり，政治的，社会的な混乱が始まった。この時期の混乱，政治的対立は香港に大きな影響を与えた。混乱を逃れる不法移民の人口流入は激しくなり，香港の一般住民にとって大きな問題となった。特に九龍寨城への流入は多く，城内の治安，環境改善などが重要な課題となった。

　福利会の当初の目的は衛生面の改善と火災と泥棒の防止で，消火装置も設置していた。有志メンバーで夜の11時から夜明けまで，泥棒と火事を見つけるために活動し，70年代まで続いた。人口が増え高層化するにつれ，衛生と火事の問題はより深刻化した。通りや排水溝の清掃，ごみの撤去などにも力を注いだ。70年代以降は街路表示と街灯を整備してきた。24時間点灯の街灯が200以上あるがそれらの費用は福利会で負担した。九龍寨城の約三分

の一は60歳以上の一人暮らしの貧しい老人で，未婚の元家政婦が多く何人かで共同で部屋を購入している。福利会では高齢者のための行事も多く開催してきた。1968年から79年には城内で学校を運営し，1,000人以上の生徒がいた時期もある。

　1968年に救世軍活動の一環として幼稚園を龍津路に開設した。小学校も開設したが，九龍寨城は香港政府の管轄外なので香港の小学校としては認定されなかったので閉鎖せざるを得なかった。入園には両親の身分証明書や子供の出生証明書は必要なかった。母親が不法滞在者であるケースも珍しくはなく中国に送還された場合，近所で子供の世話をするお願いをし助成金を出していた。城内は危険だという認識の親が多く子供を部屋に閉じ込めて外で遊ばせないので子供の精神状態は不安定であった。そのため幼稚園では城外の公園に遠足に連れて行っていた。

　九龍寨城の環境は城砦福利会の活動を中心として1960年代，70年代はかなり改善されてきた。秘密結社が麻薬中毒者を雇用して清掃事業をしていたし，建物も人も80年代よりずっと少なかった。住民の証言によると，九龍寨城は恐ろしい場所だと思われているようだが，60年代，70年代は平和で，夜も鍵をかけずに出かけられるほどであり，「大哥（ビッグブラザー）」という怖い連中はいたが，わざわざトラブルを起こす人はいなかったという。

　城砦福利会のもう一つの重要な役割は不動産取引の仲介であった。高さ以外規制のない建築物件の取引や賃貸については，ともすればきちんとした契約がなされない場合が多かったため，自主的に行い始めた。福利会は，住民の商売には関与せず，麻薬や賭博を商売にする人がいても問題としなかった。排水溝のメンテナ

図50　1960年代の九龍寨城（Flicker より引用）

ンスとか, 衛生, 厚生問題に取り組むだけで, 中国と台湾の政権とも関係はなかった。生活環境の改善を主目的としたものであったが, 自由放任の時期とくらべて自主管理の必要性を住民が意識し始めた時期であった。

　城塞福利会に続いて, 九龍寨城での警察のパトロールは1961年から行われていた。しかし「悪の巣窟」と称されていた犯罪を減らすほどの効果はなかった。政府が犯罪の取締りに乗り出すのは60年代後半からであった。指名手配されていた泥棒が九龍寨城で捕まった。裁判官は, 香港政庁が中国政府の代わりに九龍寨城を管理するので, 九龍寨城でも香港の法律が適用されるという判決を下した。これより以前では九龍寨城の住民はここを中国だとして処罰を免除されていた。また, 城内の工場では密入国者がたくさん働いていた。彼らも犯罪者と同じで, 九龍寨城は中国の

領土だとして逮捕を免れていた。だが工場主が警察に通報してきたこともあった。そうすると給料を支払わなくて済むからであった。ただ，これは香港全体の傾向だが，当時は犯罪集団から賄賂を受け取る警官も少なからずいたため，犯罪，違法行為はなかなかなくならなかった。警察の取締りが効果を上げ始めるのは後述するように1974年に汚職取締局ができてからである。

　1960年代は木造の平屋のバラックが立ち並んでいるだけだったが，ギャングもいなくて静かだった。流入人口の増加は空間の増殖をもたらし，九龍寨城の高層化は60年代初め，2，3階の低層ビルを5，6階に増築することから開始された。63年に7階建てが出現した。そして60年代後期には11，2階のビルが増え始めた。図50はこの頃の九龍寨城とその周辺地区である。7，8階建てのビルが群生化し始めている。九龍寨城の南と西に低層のバラックを中心とした家屋群が密集している。このあたりは西頭村とよばれ，寨城と同様，中国からの不法移民，難民が集まっていた。寨城ほどではないが，環境，治安などで問題があった。当時の香港にはこのようなスラム地帯が随所に形成されていた。

　60年代の7，8以上の高層化も地権者に対して城外の開発業者が高層化を持ちかけて進めたが，寨城全体の統一された建築計画はなかったため個別にそれぞれ勝手に進めた。隣りが高層化した場合，隣接するビルの壁を共有する形で高層化する場合も多かった。高層化の背景には，香港への流入人口の急増，工業化，経済成長にともなう香港全体の都市化の進展がある。特に60年代半ばから始まった文化大革命による中国の混乱からの難民が急増し，九龍寨城への流入増加が顕著となり居住空間の需要を増大させた。

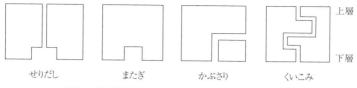

図51　建築慣例（注1の渡辺俊一文献所収図を改変）

　香港の高層建築によくみられるのは，下層に商店や工場が入り，上層が住居となっているケースである。しかし九龍寨城では前述のとおり，工場と住居が混在しており，そこに統一性はみられない。これに加えて，構造の複雑化が九龍寨城の「迷路化」を促進させた。新しい建物が増えると，政府が調査に入って高さを制限し始めた。ただしあくまでも飛行場への着陸に支障のない高さだけの制限であった。杭打ちもしないでビルを建てるやり方として，土を深く掘り起こしてまず3階建てを建て，同じように造っていくと建物同士がお互いに寄りかかるようになる。

　啓徳空港に近いため45mという高さ制限はあったが，政府はその他の規制を設けるのは実質的には不可能だとしていた。九龍寨城内の建設に関しては，計画や設計図を提出する義務はなかった。ほとんどの建物がラフなスケッチから建てられており最大限の床面積を確保するため隣接する建物や通りギリギリまで拡張された。建設は目と手で確認しながら行うのでフロアによって床面積が異なるのがあたりまえであった。これがのちの立ち退きの際の補償問題のとき問題となった。各建物は独立していて水平方向のつながりは基本的には無視されていたが，後述のように各建物の廊下がつながっていることもあった。土台は一時しのぎに近い剥き出しの状態で，浅い溝にコンクリートを流し込んでいるだけであった。強

度や構造を軽視した建物の集合体は明らかに危険であり，一つの建物が倒れるとドミノ倒しのように他のすべての建物が倒れる危険性があった。

建物の建て方には法的規制はなかったが，そのかわり道路や隣接する建物との関係で幾つかの慣例がみられた。図51のようにまず「せりだし」といい，道路上を両側の地権者が建物空間として使用すること。「またぎ」は道路両側が同一地権者の場合，せりだし部分を一体化し，道路をまたいで建物が一体化すること。「かさぶり」は隣接する他の建物の上に建築すること。「くいこみ」は隣接する建物の一部をこちらの建物の一部として利用することであった。

グランドレベルの通路以外，高層ビルを横につなぐ通路は計画的には造られなかった。しかし隣接するビルの廊下をつなぐ通路が形成されていることも多かった。個別の地権者の合意で，個別の決定の積み重ねとして形成されたこの通路は，実に不規則でまさしく「迷路」を形成しており，巨大なコンクリートの塊の中に蜘蛛の巣状に張り巡らされていた。

空港への着陸する航空機を妨げない高さ以外は基本的な建築制限はなかった。香港政庁が居住建築について制限しようとしたのは，1950年代初めまで度々行われた強制撤去に関する通告や実施で，中国側や住民の強い抗議により結局，中止して以来，建築物に対する規制は行われなかった。その代わりに相互の「自主的取り組み」でコストを最小限化する共有，利用が行われていた。

城砦福利会は衛生問題，厚生問題，不動産取引の承認などを行う組織で，治安強化や公的管理を行ったわけではない。民間の自主的相互扶助が主体であり，上からの管理は行われていない。し

図52　1980年代の九龍寨城（Flickerより引用）

かし城砦福利会の努力で城内のインフラ整備を中心とした環境整備が行われ，治安も次第に改善されていた。この時期の香港及び九龍寨城は大陸の政治，社会の混乱，対立の様々な影響を強く受けていた。九龍寨城の住民は，その混乱をむしろ利用する形で，香港政庁の様々な介入をしりぞけ，自主的な管理，運営を模索し始めていた。

4. 都市基盤の整備（1974〜1983）

1972年のニクソン訪中により米中の国交回復交渉が開始されたことを受けて，イギリスと中国は正式に大使の交換を始めた。中国の文化大革命も終息し，中国は対外的，国内的に安定，成長の方向を取り始めた。香港を取り囲む情勢の変化の中で，香港政庁

としては当時の香港総督のマクレホースのリーダーシップのもとで，香港の政治的，社会的安定を第一に考えることとなった。60年代までの自由放任を修正し必要な分野には香港政庁が積極的に介入するという政策である。新界地区における大規模な住宅団地の建設，地下鉄などの大規模なインフラ整備，9年間の義務教育の開始など公共事業，政策を実施し香港は急速に経済発展し民生の向上を達成した。

九龍寨城に対しても，ともすれば英中対立のきっかけになる九龍寨城の強制住民移転や取り壊しを急ぐのではなく，まず現状を是認し，城砦福利会に自主的に開始された寨城のパトロール，居住改善，不動産取引の正常化などを香港政庁も後押しすることとなった。人口が約5万人に達しとみなされ，香港内の一区画として無視できない存在になってきたことも大きい。70年代になると，高層化が急激に進展した。14，5階が増え，最高層は16階建てであった。図52をみると，14，5階の高層ビルが隙間がないほど密集して建てられている。前述した「せりだし」「またぎ」「かさぶり」「くいこみ」が増殖され，隣接するビルの廊下をつなぐ通路が個別に形成され複雑な迷路が形成された。中央部の窪みは，清代の龍津義学が老人福祉センターとなったところで地権者が高層化を許さなかったので空隙地となった。周囲を高層ビル群が取り囲み，あたかも四合院住宅のようにみえる。

治安に関しては，城砦福利会のパトロールだけでは不十分であった。通りでは売春婦がいて縄張りごとに客引きをしていた。一時期は麻薬も多かった。中国から爆弾を持ち込んだ事件など明るみになっていない事件もまだ多くあった。犯罪の取締りに際しては，

これまでも香港警察が寨城内に入ってはいた。しかし，1970年代以前は警察官の汚職が日常茶飯事であり，香港での麻薬，賭博，売春などはじめとする犯罪，不法行為を取り締まる警官の中に，賄賂を受け取り，犯罪や不法行為を見逃す者たちがかなりいた。九龍寨城の中での麻薬，賭博，売春を取り締まる警官にも賄賂を貰う者が多くいた。警察内部に汚職取締り部門を設置したが，警察による自浄作用は十分に機能せず，九龍寨城内の犯罪摘発も極めて不十分だった。香港政庁は，警察とは別の組織として，独立した汚職取締り組織を設置した。ICACという取締り組織により汚職警官の摘発が本格化した。本格的に取締りを始めてからは，犯罪の摘発に効果が出るようになった。不法入境者の摘発も本格化させた。また麻薬捜査は麻薬取締局が行うようになった。

　九龍寨城担当者は6人で2人一組で3つの巡回区域を回り，11のチェックポイントで報告書にサインをしなければならない。城外だと2，3人ですむが，迷路状の複雑な城砦内は人手が必要だった。潮州系の秘密結社，新義安の大哥や14kから様々な情報収集や犯人の捜索などで助けてもらったという。

　この時期には，城砦福利会に協力する形で香港政庁も公的サービスを開始していた。70年代には城砦福利会と協力しながらゴミ収集と道路清掃が開始された。また共同水道1カ所が整備された。城内に毎日2トンずつ溜るゴミを撤去することは，政府にとって最重要課題であった。衛生面だけでなく火事の危険性をなくすためでもあった。10人の清掃員が清掃ポイントから回収するシステムができあがっていた。1960年代から70年代前半にかけて，下水管がなく通りの横に剥き出しの排水溝があった頃には排泄物の回収という

過酷な仕事を行わなければならなかった。また公衆便所に野ざらしになっている麻薬中毒者の死体なども回収しなければならかった。

70年代からは繊維産業を中心とする輸出型の軽工業が発達した。工業化は九龍寨城にも波及した。ただし建築計画というものがまったくなかったため，九龍寨城では工場や一般住宅が混在している。ある所にプラスチック工場が集中しているかと思えば，すぐ近くに一般家庭の洗濯物が吊り下げられている。城内は労働署の査察も少ないから自由にできる。従業員に保険をかける必要もないし，休日出勤手当もいらない。生産コストの安さは当時の香港の輸出工業化の一役を担い九龍寨城内で造られた製品は香港貿易発展局が仲介し，海外へも輸出された。生産コストの安さは，70年代に九龍寨城に多くの工場が出現し，工業地帯となった最大の要因である。九龍寨城内には700以上の工場があり，金属加工工場が最も多く，ついでシンプルな模型を作るプラスチック工場が多かった。建物の1階から5階までに多かった。

香港の電力会社である中華電力が九龍寨城に電気の供給を始めたのは1977年からである。盗電が起こしかねない火事の防止と工場の急増による電気需要のためである。すべての住民に対してではなく合法的な建物に対して供給した。政府が供給の対象となる建物を選別した。寨城外では違法となる商売も多かったからである。この頃から公的サービスの開始を通じて寨城内の調査，管理が始まった。城砦福利会とは綿密に連絡とりながら77年から85年にかけて大改革を進めた。当時，香港経済は右肩上がりで九龍寨城も最盛期で新しい建物がどんどん建てられ，電気の需要が急増した。電気の需要が増えるにつれ高圧ケーブルが必要になり，

そのための変電所を設置した。予想以上に工場の数が多くすべて
の工場には供給は出来なかった。電気の盗用も後を絶たなかった
が，つかまえるのが大変だった。電力会社の人間はあまり九龍寨
城には入りたがらなかったうえに，警察も厳密な捜査はやりたがら
なかったからである。

この時期は60年代からの城塞福利会の自主的な環境整備，パ
トロールに加えて，香港政庁による生活インフラの整備が開始され
た。警察による本格的な犯罪者，不法移民の摘発も開始され，ア
ジアNIESとして成長する香港の一部として，都市基盤の整備が行
われた。1975年に行われた調査では，大半の住民は，世間が持
つ九龍寨城に対するイメージとは異なった認識を持っている。普
通の公共住宅の住人と同じで，生活のために懸命に働き，失業や
生活の環境や子供の教育についての悩みを持っていた。意識とし
ては，香港の他の地区の住民とほとんど変わらない。但し公的サ
ービス，管理を最小限にし，建物の私的権利を最大限化した結果，
通路には剝き出しの電線，水道管，電話線などが束となって這いま
わり，場所によってはぶらさがり，環境整備はまだ不十分だった。

▌おわりに（1984〜1994）

1984年，香港問題に関する英中共同宣言が本調印され，香港
の中国への返還が決定した。許可を持たない中華人民共和国か
らの密入国者は全て送還することとなった。97年に香港の主権を
中華人民共和国に移譲し，香港は中華人民共和国の一特別行政
区となることになった。「一国二制度」で50年にわたって社会主義

Ⅵ　香港九龍寨城の不管地空間

図53　九龍寨城南面　屋上屋を重ねた立体的不管地景観（1990年筆者撮影）

図54　九龍寨城西面　北側に向かって斜面に建てられている（1990年筆者撮影）

159

政策を香港では実施しないことが表明された。しかし共産党政権に警戒感を持つ住民の間では不安感が増し，イギリス連邦内のカナダやオーストラリアへの移民ブームが起こった。一方，中華人民共和国の改革開放政策が進展し，香港の製造業は安い生産コストを求めて経済特区に続々と進出しはじめた。70年代から続く住宅供給や市街地の拡大に伴う開発プロジェクトは引き続き行われた。

　九龍寨城も正式に中国所属となることが中英間で合意されたため，不管地としての意味，意義はなくなることになった。管理を嫌う者が九龍寨城に居続ける意味はそれほどなくなった。寨城内の軽工業の工場には，労賃など生産コストの安い中国の経済特区に移った工場で製造された安い製品に押され，操業を止める工場が出始めた。織物工場は中国から安い製品が入るようになった85，86年頃から落ち込み始めた。次第に寨城内の住民や香港市民の食品加工や惣菜の製造が中心となった。1987年には九龍寨城の取り壊しが決定された。その直後，香港政庁の職員が補償問題の調査を開始した。このとき3万3,000人が居住し，小規模な製造工場が500以上も稼働していることがわかった。また香港で食用されている肉団子と魚団子の90％までもが九龍寨城内で生産されたもので，一部は一流ホテルでも提供されていたなどが明らかにされた。九龍寨城は香港の都市生活にとって無視できない役割を果たしていた。

　取り壊しが決定され補償交渉の仲介，相談にあたったのが城塞福利会であった。ビルの下層と上層で室内面積が異なるなど，様々な複雑な交渉が必要で，香港政庁だけでは補償交渉は不可能であった。最後まで公的管理に一元化されることはなかった。図53，54は，既に取り壊しが決まり住民の移転が進んでいた1989年の九

VI　香港九龍寨城の不管地空間

図55　1990年の中国銀行（1990年筆者撮影）

龍寨城である。周囲にあった西頭村のスラムは既に撤去され造られた公園で寨城の子供たちが遊ぶなど，九龍半島の下町地区と何も変わらない風景もあった。しかし，屋上屋を重ねたビル群の放つ不管地性は圧倒的であった。

　香港を返還される中華人民共和国政府にとって，香港の未来の景観，空間の象徴は，九龍寨城ではなかった。度重なる香港政庁の取り壊しと戦い，自主的に生活環境の整備を行い助け合ってきた住民の空間，景観など必要としなかった。必要とされたのは，イギリス資本の象徴であった香港上海銀行の近くに建設され，高さや近未来性だけでなく香港上海銀行の「気」を切り裂き風水上も優る建築理念のもとで建設された中国銀行であった。（図55の左側の三角形の高層ビル。右側の香港上海銀行は風水を切り裂く中国銀行に対して屋上に大砲状の構築物を設置した。）

161

かくて役割を終えた九龍寨城は残念ながら永遠に歴史の彼方に
姿を消しました，とはならないだろう。公的管理を可能な限り抑え，
あるいは換骨奪胎化し，自主的管理，設計のもとで空間，景観を
築き上げようとする精神は，中国民衆には昔と変わらず旺盛である。
隙あらば，中国本土に，あるいは日本，世界の中華系拠点にネオ
九龍寨城が出現すると思われる。

　九龍寨城は近代に発生し現代に強烈な印象を以ってその存在が
知られた。中華人民共和国，中華民国，イギリスの地政学的な枠
組みに存在した不管地で非合法的要素，アジール的要素ともに強
く，現代的に「成長した」不管地の象徴であったといえる。

【注】
(1) 本章は，『*City of Darkness Life in Kowloon walled City*』（『九龍城探
　　訪　魔窟で暮らす人々』イーストプレス（2004））所収の住民の証言
　　を中心として，広東省档案館編『香港九龍城寨档案史料選編』中国
　　档案出版社（2007），『大図解九龍城』岩波書店（1997），『月刊
　　七十年代』1974年8月号，姫宮栄一『香港：その現状と案内』中央
　　公論社（1964），渡辺俊一・居林昌宏「香港九龍城スラムの空間構
　　成」1993年度日本都市計画学会学術研究論文集，村松伸『香港——
　　多層都市』東方書店（1997），森勝彦「不管地の歴史地理—— 中国
　　的アナーキー空間の諸相」地域総合研究23-2（1996）を参考とした。
　　なお「九龍城」という呼称は九龍寨城を含む周囲一帯の地域名であり，
　　旧南門に掲げられていた額に書かれてあった「九龍寨城」が正しい。

香港の調景嶺と沙頭角

　香港には九龍寨城のような不管地ではないが，香港政庁の管理が及びにくい地区があった。国共内戦後，大陸から香港に逃れてきた国民党軍など国民党関係者約2万人が香港島西部の難民キャンプにいたが，市街地に隣接しており共産党支持者との間にトラブルが絶えなかったため，九龍半島東部の無住の地であった吊頸嶺に難民キャンプを移した。

　1960年までは難民キャンプ扱いで，定期船も道路もなく住民は自由に市街地に出られなかったという。村には青天白日旗が数多く飾られ国民党の村であることをアピールしていた。当初は台湾政府が食料を配給していたが，後にアメリカのキリスト教系慈善団体が村に建てられたカトリック教会を中心として援助物資を配給するようになった。

　2万人の内，国民党軍や国民政府関係者の大部分は1952年頃までに台湾に移り，残りは約6千人余りになっていた。共産党支持者の襲撃が度々起こり，村では自警団を組織し攻撃に備えた。村の学校では台湾政府のカリキュラムに即した授業を行い，北京語で教育が行われていた。しかし住民の高齢化が進む中で台湾の国民党は「台湾化」が進行し，調景嶺と名称を変えた吊頸嶺と台湾国民党との交流は薄れていった。

　香港返還が決まり香港政府は調景嶺でのニュータウンによる再開発と住民の公営住宅への移転を決め，1997年の返還前に調景嶺の「国民党村」は消滅した。九龍寨城と同様，政治的に問題があるとみなされた場所は返還前に香港から消え去った。

これに対して沙頭角は中国との国境との関係で特殊な位置にある集落である。1898年新界が英領香港に編入された時に中国と香港の国境線は深圳河と沙頭角河を境界として引かれたが，何故か東端の沙頭角集落の中が境界となり，境界の街路は中英街と呼ばれた。沙頭角集落北側は中国となり南側は香港となったが，香港側は1951年に中国との国境全域に沿って幅約1kmの「禁区」を設定し密輸や不法移民の侵入を防ぐことにした。沙頭角集落南側はこの「禁区」に含まれたため，住民以外の一般人は香港側の沙頭角には入れなくなった。国境の中英街を中心として香港警察と中国公安が巡回する特殊な集落である。

〔参考文献〕
● http://www.geocities.co.jp/SilkRoad/9613/ 野次馬的アジア研究中心
● 小柳淳『香港ストリート物語』TOKIMEKI パブリッシング（2012）

VII　ゴールデントライアングル

　中華人民共和国成立後，中国国内において外国勢力が原因で形成された不管地は存在しない。しかし中国国境周辺地域は中国国内からのプッシュ要因に加えて国境を接する国外地域の不安定要因が，中国の政治的影響を受ける形で不管地が形成される場合があった。中国と東南アジア国境付近の，かの有名なゴールデントライアングルを含む地域がその代表としてあげられる。これは後述の注1の反体制活動家の中国からの逃亡体験記で最後の逃亡先としてあげられていた場所でもある。

　もともと中国とその周辺，いや世界の前近代的な国家には国境という概念はなかった。どの国もボーダーは曖昧模糊としており，中国と東南アジア方面もその例外ではない。この地域の国境が問題となったのは，イギリスやフランスがビルマ，インドシナを植民地に組み入れてからである。この国境問題は第二次大戦後も長く決着がつかず，特に中国・ビルマ国境はあいまいな場所が多く，本来的に中国・東南アジア国境は所属不明な状況が長く続いていた。そのなかでもタイ，ミャンマー，ラオスの3国がメコン川で接する山岳地帯は別名ゴールデントライアングルと呼ばれ，世界最大の麻薬密造地帯として有名であった。この地域は，国を跨って分布する少数民族が多く，また中国，東南アジアの国際情勢，国際関係やそれぞれの国の内部情勢によりその国の統治が及ばない特色があった。またそこには中国，漢族が様々な形で大きな関与をしており中華系不管地の様相を呈していた。麻薬密造については，経済成長

165

や取締強化によりタイやラオスでの生産は減少傾向にあるが、逆にミャンマーのシャン州ではいくつかの軍閥が麻薬生産のみならず覚醒剤の製造も行い、さらには合法ビジネスを行うなど、二極化の傾向にある。特に、ミャンマーの中国国境周辺では現在でもミャンマー政府の直接の管轄が及ばない組織が複数存在している。いずれの組織もミャンマー政府と和平を結んだものの、武装解除はほとんど行われておらず、ミャンマー政府に反抗的態度を取らなくなっただけであった。

ミャンマー政府は麻薬取締に注力しているものの、麻薬産業が同国の政治趨勢に起因していることや同政府軍に拮抗できる軍事力を備えていることから、強硬策よりも懐柔策を取らざるを得ない現状がある。このようにかつてはタイ政府、現在でもミャンマー政府の統治を受けず、漢族や国民党、中国共産党の支配、主導、援助を受けた地域が存在し、どこに属するか不明な中華系不管地が存在した。このような中華系不管地が形成された経緯をみよう。[1]

1. 国民党軍時期

中華系不管地が形成されたきっかけとなったのが国民党軍の中国からの東南アジアへの撤退である。1949年以後、中国と国境を接するタイ、ビルマ、ラオス、ベトナムに国民党軍の残存部隊がいた。即ち、国共内戦の敗北を重ねた国民党軍は、すべてが1949年までに蒋介石総統と共に台湾に逃れたわけではなく、広東省からイギリスの植民地の香港に逃れた部隊や雲南省からタイ北部、ミャンマー北部のカチン州・シャン州に逃れた部隊が存在した。

VII ゴールデントライアングル

　1949年，中国では国共内戦がクライマックスを迎え，人民解放軍に中国大陸を占領された国民党政府は台湾へ逃げるが，雲南省や四川省に取り残された国民党軍はなおも共産党軍と戦っていた。雲南では，昆明の包囲を解いて撤退した国民党軍は，雲南省南部を転戦しながら各都市で防御線を構築して体勢を立て直そうとする。だが，元江の会戦において決定的な敗北を喫してしまい，全軍は崩壊してしまった。司令官李國輝将軍以下国民党軍将兵たちは，中緬国境を越えてビルマへと退却するか，帰順するか，二者択一を迫られることになった。その後，国境を越えてタイやビルマに逃げ，大陸奪還のための反撃拠点を作ろうとした。

　各部隊の統合に成功した国民党軍は，少数民族やキャラバンを営む雲南系華僑である馬幇の協力を得て，大陸反攻には及ばないものの，勢力を少しずつ盛り返していた。だが，そのことで，国内に外国の軍隊が駐屯することを望まないビルマ軍との軋轢が生じ始めていた。目的はあくまで中国大陸への反攻にあり，ビルマに永遠に留まることを意図していないという国民党軍側の説明はビルマ側に拒絶され，国民党軍側は談判に赴いた代表を拘束されるなど，ついには双方が衝突する事態になってしまう。

　台湾からの補給は拒否され，弾薬が空に近い国民党軍の情況はビルマ軍に把握されており，長期の戦闘は不可能であった。ビルマ軍は大量の補給に支えられており，緒戦から重火器や兵力を存分に投入した戦闘を続け，物量にも兵力にも乏しい国民党軍を圧倒する。しかし，ビルマ政府からの仕打ちを恐れていた馬幇を中心とした華僑たちから，土壇場で武器弾薬の提供を受けることに成功した国民党軍は，奪い取った重火器などでさらに装備を充実

させて反撃に転じ，反対にビルマ軍を撃退してタチレクを占領した。やがて双方は停戦合意にこぎ着け，念願の大陸反攻へ向けて根拠地の建設を始めた。

　台湾から指揮官を迎えた国民党軍は，根拠地建設を続けた。民族，国境紛争の絶えなかったビルマ・中国国境地帯からタイ北部に定住，少数民族解放運動を建前に武装を続け，アヘン栽培で資金集めをしていた。大陸反攻への準備も進み，地元の少数民族や華僑子弟などから兵を募り，国民党軍は大陸反攻軍を編成した。兵を北回りの本隊と南回りの陽動部隊に分けて，雲南省の南側に人民解放軍の主力を引き付けておき，そのあいだに北回りの本隊が兵力を吸収しながら昆明を奪取する戦略であった。

　国民党軍は出撃し，雲南省内の四県を占領して青年を徴募するなど，当初は勢力を拡大しながら進撃を 続けていたが，陽動部隊が予想のほか早く撃破されてしまったため，大兵力を急速に集中し始めた人民解放軍が反撃に転じると，本隊は苦戦を強いられることになっていく。そして大陸反攻時に徴募した兵力を加え，いままでで最大の勢力となった国民党軍は，大陸反攻のための政治，軍事の拠点として，本拠地である猛撒に反共大学を成立させた。

　ビルマではシャン州一帯を支配してしまった国民党軍に，国内で相次ぐ反乱に手を焼いていたビルマ政府は手が出せ なかったが，最大勢力のカレン族の反乱を 封じ込めたところで，インド軍の協力を得て国民党軍へ攻撃をしかけ，反撃されたものの「他国の軍隊が居座っている」と国連に訴えることができた。台湾政府はやむなく国民党軍を引き取り，3000人ほどが現地に残ったが，タイ領内へ追いやることができた。ビルマ政府が中国と国交を樹立した60

年には，今度は人民解放軍と共同でビルマ領内に侵入した国民
党軍の掃討を行い，再び国民党軍の一部を台湾へ引き揚げさせて
いる。

　国民党軍の中で残留しタイに追いやられた者たちのなかで，国
民党第5軍93師団の指揮官だった段希文は第2次世界大戦中よ
り，第3軍93師団の指揮官だった李文煥とともにタイ北部の日本軍
と対峙したビルマ戦線を実効支配していた。国民党軍が共産党軍
に敗れて以降，両名が率いるそれぞれの師団はともにミャンマーを
経てタイ北部まで南下した。資金難のなか麻薬製造・密輸に手を
染め国際問題になった時期もあった。この一帯では19世紀から麻
薬原料のケシ栽培が始まった。国民党軍は活動資金確保の目的
でケシ栽培，麻薬製造・密輸を行った。これがゴールデントライア
ングルの拡大の基盤となった。1972年にタイ国内に定住する意思
を表明してタイ国軍の支配下に入り，その後は共産党ゲリラと戦っ
た。共産党の活動が沈静化した後，段希文の率いる部隊は武装
解除して，タイ北部のメーサロンの「ムーバン・サンタキリ」（平和
山村）に根を降ろし，烏龍茶やライチなどの栽培や観光業などで生
活をするようになった。ちなみに，李文煥の部隊はメーホンソーン
県内で「ムーバーン・サンティチョン」（平和町村）をつくった。

　タイ北部には現在，中華系不管地は存在しないが，国民党軍が
活動していた時期のタイ北部からビルマ東部にかけての地域は中
国の影響を受けながらタイ，ビルマの統治が及びにくい不管地状
況であった。

2. 諸勢力とビルマ共産党対立時期

　国民党軍が台湾に撤退後，中国国境に接したビルマ東部一帯は諸勢力の混雑する地域となった。そのきっかけとなったのが，ビルマ政府はビルマ東部シャン州地区に対する政策である。1947年ビルマが英国から独立する一年前に，ビルマ独立運動の指導者アウンサン将軍は，パンロンで連邦を組織する会議を開いた。各民族が参加して，「パンロン協定」に署名した。その際，各民族の疑念をなくすために，協定の中には一つの規定が盛り込まれていた。それは，ビルマ連邦成立十年後，連邦各州は彼らの意志によって，連邦への残留か，あるいは連邦からの離脱を選択できるという条項である。ビルマ独立後，中央政府は集権的な政策をとり，各州の地方意識を消滅させ，間断なく憲法で保証されている彼らの権利を剥奪し続けた。1957年，約束の十年がきた。すべて，明朝清朝によって冊封を受けていた世襲の酋長であったシャン州の藩王たちは，真っ先に離脱を要求してビルマ政府に拒絶された。

　彼らは反乱の狼煙を挙げ，政府軍と警察を攻撃し内乱状態となった。1962年，ネーウィン将軍が全権を掌握して国会を解散し，やがて民主的に選ばれた政府をひっくり返して社会主義軍事独裁への道を進むことになる。シャン州各勢力の内部分裂を誘い，漁夫の利を得る戦略を立て，ネーウィン将軍は，シャン州人民に対して中央政府に対してのみ忠誠を誓いさえすれば，誰でも武装グループを組織してよいという方針を喧伝し，そうして，これらシャン州の藩王たちの勢力に対抗した。

　このような混乱状態の中で，地域の麻薬利権を握った一人が

羅星漢である。彼が生まれたコーカン地区はビルマ東部に位置し，中国の鎮康県と接している。1950年代においては，国民党軍の重要な根拠地は一度ここに置かれていた。その国民党軍がいろいろな場所で奮戦していた当時，羅星漢はまだたった十歳の子供だったが，国民党軍に付き従ってきて，彼らの中で少年兵になった。通信の手紙を持って駆け回り，国民党軍兵士たちに可愛がられ，ある証言によると，彼の羅星漢という氏名は，国民党軍兵士たちが彼に名付けたものだという。彼のビルマ名はもともとウィンマウンであった。彼はずっと国民党軍の第一次台湾撤退まで兵士たちとともにあり，その後，シャン州の少数民族ゲリラと共産ゲリラ討伐の軍隊3000名を率いるようになった。この軍隊は利権でもあった。麻薬運搬ルートを保護し，ギャングと通じ合い，麻薬部隊を率いてタイへ卸に行き，帰りにドル札ではなく黄金と取引してきた。金塊，金の延べ棒が麻薬決済に使われていた。

　羅星漢は1960年代からゴールデントライアングルで頭角を現し，最大の競合相手，国民党の残党クンサーと激しい殺戮合戦を続けながら，タイとベトナムへ，ヘロインを輸出した。そのヘロインの10％はアメリカ兵にわたるなど，販路は大きく，しかも農家には補助金をばらまいてポピィの栽培を促し，厖大な財産を作ったと云われる。ミャンマー政府は羅星漢の支配地区まで統治が及ばず，タイが羅星漢を拘束し死刑判決を出したこともあるが，むしろゲリラとの調停に利用したほうが良いと判断しミャンマーへ送還した。ミャンマー軍はシャン州の治安回復のために，麻薬取引には目をつむり，羅星漢を泳がせた。

　羅星漢の時代（1960年代から1970年代にかけて），黄金の三角地

帯の中心はタイのバーンヒンテークではなく、ミャンマーのタチレク
であった。ここはタイの国境の街メーサイとは橋一つ跨いだ向い
にある。羅星漢は続いて自らケシを栽培し始め、やがて、自らヘロ
インの精製にも乗り出した。そうしてまわりの同業者たちを平らげ、
黄金の三角地帯に覇を唱えたのであった。彼の麻薬販売ルート
は、タチレクからタイ北部へ、最大の出荷地点はタイ国境の街メー
サイであった。彼の出荷地点はタイ・ミャンマー国境線に沿って西
へ南へと伸びていく。彼は、バンコクまで900キロも離れていて遠
くて不便なメーサイを嫌ってさっさと見切りを付けている。彼は絶え
間なく新しい出荷地点を開拓し続けていく。初めはメーホンソーン、
70年代初頭にはさらにメソットに移動した。彼の最後の計画では、
スリーパゴダパス、戦場にかける橋のクワイ河付近であった。すで
にそこはバンコクから二百キロ程度の距離しかないのである。ミャ
ンマーの暗黒街と実業界を同時に牛耳って、軍隊とギャングと実業
界の未確定領域（これも黄金の三角地帯）というミャンマーの闇をリー
ドした。彼は1974年、マレーシアに出かけ、そこで逮捕されミャン
マーに送還され、刑務所に収容された。後に出所するが、表立っ
ては麻薬取引から身を引いた。

　1991年、羅星漢はアジアワールド社を設立し息子のスティーブ・
ローを社長に据えた。スティーブは米国留学組である。たとえばシ
ンガポールが98年だけでも13億ドルの投資をミャンマーになした
が、その殆どは羅星漢のアジアワールドと組んだ。このような魑魅
魍魎に頼らざるを得ないのがミャンマーの統治状況であった。それ
ゆえに元麻薬王がビジネス界に君臨するという腐食の構造ができ
あがったのであろう。

VII ゴールデントライアングル

　羅星漢が引退したのち，シャン州タンヤンロイモー部落の地頭，クンサーが代わって麻薬王となった。国民党第93軍兵士とシャン族女性の間に生まれたのがクンサーである。幼い頃に両親を亡くしたクンサーは国民党軍に入隊したが，成人後，国民党残党と袂を分かち，アメリカ合衆国のCIAの支援のもとシャン族・モン族の独立運動を大義名分とする兵力2000のモン・タイ軍（MTA）を結成した。この期間に麻薬ビジネスを大々的に展開し，ゴールデントライアングルと呼ばれる世界最大の麻薬密造地帯を形成した。だが，アメリカが麻薬ビジネスの取り締まりに力を入れるようになり，やがてクンサーは国際指名手配される。そのためタイ北部から国境未確定地帯のミャンマー奥地に逃げ込み，シャン族独立を掲げてミャンマー軍と永く対立していた。しかし，ミャンマー軍との実際の戦闘はほとんど生じなかった。MTAは，むしろ同じく反政府勢力であるビルマ共産党と激しく軍事衝突した。

　1996年1月，ミャンマー政府との間で突然停戦合意をして投降した。投降後はミャンマー政府の庇護に置かれ，首都ヤンゴンで生活し麻薬で得た資金を合法ビジネスに転用して，ミャンマー・タイにまたがる財閥を作り上げた。アメリカ政府はクンサーの身柄の引き渡しをミャンマー政府に要求したものの，同政府はこれに応じなかった。なお，クンサーの転向と第93軍指揮官である段希文が死去したこともあり，第93軍の元兵士および家族は，クンサーのミャンマー政府投降以前の1987年に武装放棄，タイ国籍を取得している。2007年10月26日に，ミャンマーのヤンゴンで死去した。

　ビルマ政府は国民党軍がいなくなったシャン州を直接支配することはできず，各民族や地域ごとに自衛軍を作って防衛させたが，

クンサーもビルマ政府公認の自衛軍の1つとして，自分の軍隊を持つことができた。自衛軍の資金源はこの地域の「伝統産業」だったアヘンの生産で，軍閥の性格が強かった。各自衛軍はアヘンの利権をめぐって戦争を繰り返し，群雄割拠の状態が続いた。

やがてシャン州では中国政府の支援を受けたビルマ共産党（CPB）が勢力を伸ばし，各地の自衛隊を傘下に入れていった。中国がビルマ共産党を支持することになったのは，激化する中ソ対立の中で，ソ連側であったビルマ政府に対する反政府勢力としてビルマ共産党を位置づけたからである。すでに1950年代の初めから中国に亡命していたビルマ共産党幹部をビルマ政府の管轄が及びにくかった中ビ国境地帯に送り込んだ。地元の土侯や国民党の残党らはこれに抵抗したが，中国の圧倒的な物量戦の前にはなす術がなく二，三年で駆逐された。中国は，武器や弾薬，食糧などの物資だけでなかった。1966年から始まった文化大革命の影響を受け，紅衛兵が何千人という単位で投入された。ビルマ人の古参幹部達が次々と消されていき，党内の粛清がはじまった。中ビ国境の中華系不管地に元紅衛兵の幹部が多いのにはそのような理由がある。軍事部門はコーカン族・ワ族出身の兵士達によって構成されるようになった。

ビルマ共産党は，中ビ国境地帯のなかでもシャン州北東部のコーカン（果敢）族・ワ族居住地域を主たる根拠地とし，中国の全面的な軍事・民生援助を受けて中国 - ビルマ間の国境交易の通行税を資金源とした。1976年の毛沢東の死後は，ビルマ政府との関係改善を図る鄧小平指導部の意向で支援量が減らされ，徐々にシャン州で採れるアヘンを資金源にするようになり，組織内の力関係

がコーカン族・ワ族出身の兵士達の発言力を強める方向に変化した。1980年末から1981年5月にかけて，ビルマ政府と和平交渉が行われたが，CPBが同党支配地域の承認などの要求に固執したため，交渉は決裂に終わった。1987年の春季（乾季）にビルマ政府軍は大攻勢をかけ，旧援蒋ルート上にありCPB支配下では最大の交易市だったシャン州北西部のミューズを陥落させ，はじめて中国国境へ到達した。ミューズの陥落でCPBは最大の収入源だった国境交易の通行税を失い，党内はコーカン族・ワ族出身の兵士達とインド系幹部の対立が激化し，ついに1989年の新年に軍事部門が指導部全員を逮捕して中国へ放逐するという事件が発生し，CPB指導部は消滅した。

このように国民党軍のあとは，羅星漢，クンサーなどの地方軍閥，ビルマ共産党が対立，抗争を繰り返し，麻薬利権のもと，どこの国の統治も受け入ない地域群が存在した。これらは程度の差があれ，中国国民党や中国共産党の影響，支援を受けた中華系不管地の色彩が強い。

▌3. 非ビルマ族系軍閥時期

1989年にビルマ共産党が崩壊した後，その支配下にあり多くの紅衛兵出身者を抱えた各地区の司令官は，地方軍閥として独立状態になった（図56）。このなかで最も中華系不管地の色彩が強いのは，コーカン軍閥地区である。清朝からイギリス領インドに割譲された地区で，元の名は果敢県であり漢民族居住地区である。割譲の結果，そこの漢民族は「コーカン族」と呼ばれるようになった。ミ

図56　ゴールデントライアングルの地方軍閥（注1の文献より作成）

ャンマー建国後は，少数民族扱いされた。ビルマ共産党がこの地区を支配していた時期，地区の司令であった彭家声が1989年，ビルマ共産党に反旗を翻して軍閥化した。彼はミャンマー政府と交渉しミャンマー政府の形式的主権を承認するのと引き換えに，現地での軍閥政権を認めさせて「シャン州第一特区」を形成し，ミャンマー政府とは時折，対決抗争を引き起こしながら現在に至っている。

続いて中華色が強いのは「シャン州第四特区」（四区軍閥）である。1989年，ビルマ共産党の漢族幹部で広東省出身の林賢明のクーデターで成立した。林賢明はコーカン軍閥の彭家声の娘を妻に娶っており，両軍閥は強い同盟関係にある。幹部の大多数が福建省，広東省，海南省などの中国南部出身の元紅衛兵たちで占められる。中国のシーサンパンナ・タイ族自治州に隣接した4952㎢の領域で，2013年の時点で人口は8万5000人程である。

この他，中国とミャンマーに国境をまたいで分布する少数民族のワ族の居住地区であるワ州第二特区，即ちワ州軍閥（ワ州連合軍，UWSA）がある。ビルマ共産党のワ族幹部と元紅衛兵の漢族幹部が1989年にクーデターを起こして成立した。コーカン軍閥と同様，ミャンマー政府に軍閥政権を認めさせた。人口の最多はワ族であるが，公用語は中国語である。

さらにワ族と同じく，中国とミャンマー両側に国境をまたいで分布する少数民族カチン族の居住地域である「カチン軍閥」がある。1989年，ビルマ共産党の漢族幹部がクーデターを起こして成立した。現地住民や兵士の大部分はカチン族であるが，他の軍閥と同様，ミャンマー政府と何度か戦火を交えつつも支配体制を維持している。この地区はヒスイやチーク材の産地であるため，中国との貿易を通じて4大軍閥のなかで最も経済的に豊かな地域となっている。

このようにビルマ共産党の支配地区では，1989年，クーデターが起こり共産主義はビルマ人幹部とともに追放された。しかし，そこに思いがけない遺産が残った。強力な軍隊，世界最大となったアヘンの生産，それらを管理する中国式官僚システムである。

その後，コーカン族・ワ族出身の兵士達は，コーカン族出身の

土侯である彭家声の指導下でワ州連合軍として再構成され，中国政府・軍も非公式にワ州連合軍への軍事援助を開始したため，老朽化した装備を更新できないビルマ政府軍を凌ぐ強力な軍事力を持つようになった。このほか，ヤン・モウ・リャンが率いるコーカン族から成るミャンマー全国民主同盟軍（MNDAA，2009年にミャンマー政府軍の攻撃を受けて親政府派と反政府派に分裂），リン・ミン・シャン率いる東シャン州軍がビルマ共産党から分裂した。MNDAAとワ州連合軍とは友好関係にあり，ワ州連合軍が兵力を有償でMNDAAに貸与しているともされる。ワ州連合軍は，表向きは中央政府に帰順したためビルマ政府支配下の一般社会で合法的に活動する事が許され，1988年の国軍クーデターで権力を握ったキン・ニュンを窓口に合法・非合法のビジネスで勢力を拡張し，ミャンマー社会内で"赤い財閥"として台頭している。現在は，ミャンマーに大規模な投資を行っている中国政府と，現在のミャンマー市民の生活を支えている中国製消費財の供給ルートを握っている強みを後ろ盾にして，ワ州連合軍側は和戦両様の構えで臨んでいる。反乱後，下部組織は分裂し，その一派がワ州連合軍を組織した。

　1996年，クンサーの停戦合意に伴いモン・タイ軍（MTA）が投降・武装解除し，ワ軍が最大の勢力となった。兵力は2万人を数え，パンカンに司令部を置いた。また，1990年代にミャンマー＝タイ国境で活動していた非ビルマ共産党系の民兵組織「ワ民族会議」を吸収合併した事から，MTAの支配地域に隣接する地域に飛び地状に支配地域を保有する。この「飛び地」との連絡を巡って，UWSAと投降前のMTA，そしてミャンマー国軍は激しく衝突した。

　CPB同様，背後では中華人民共和国が影響力を行使している

と考えられており，装備には中国製の物が多い。制服・制帽なども中国製，もしくは中国製のものを模倣した国産品を使用している。UWSA 同様，中国から支援を受けているとされるカチン族のカチン独立軍やコーカン族の全国ミャンマー民主同盟軍でも同様の傾向が見られる（これらに対し，カレン族のカレン民族解放軍やシャン族の旧シャン州軍諸派（北軍，南軍）は旧西側製の装備が用いられている）。最高司令官はパオ・ユーチャン（鮑有祥），指導者にはクン・サの側近であったウェイ・シューカン（第171軍区司令官），ウェイ・シューインらがいる。将兵の多くはワ族だが，コーカン族やシャン族など他の少数民族も参加している。なお，他の民兵組織同様，ミャンマー政府に帰属して生活しているワ族も存在する。

　同軍はワ族及びワ州の自治権確保を要求している。実際においても，1990年代後半にキン・ニュン首相によって，ミャンマー政府との停戦が実現後も武装解除は行われず，同軍の支配地域は実質的に UWSA の自治が行なわれている。なお，現在のミャンマーの行政区分でワ州と呼ばれる州は存在しないものの（シャン州の一部），支配地域はミャンマー政府公認の自治区域となっている。2012年1月，ミャンマー政府との和平に原則合意した。その一方で，武装解除や兵力削減には応じておらず，ミャンマー政府が発表した「国境警備隊」計画にも反対の姿勢を取った。2013年現在，ミャンマー政府が親中路線を転換しつつある事から，中国から UWSA に対する軍事援助が再び活発化している。その中には，PTL-02自走式対戦車砲や Mi-17ヘリコプター（TY-90地対空ミサイル(en) を搭載）等，重装備の供与も含まれているという。また，中国国内で UWSA の将兵が，中国軍から122㎜榴弾砲を用いた軍事教練を受けたと

も言われている。

4．現状の問題

　現在，中華系不管地とみなされるのは，ミャンマー東北部一帯の地方軍閥群が支配する地域である。いずれも政治と経済の双方で中国の影響が極めて強い武装勢力が割拠している。これらの地域は，地図上ではミャンマー領内に位置するものの，共通言語は中国語で通貨も人民元，商店の看板は簡体字であり，一見すれば中国側とほとんど変わらない街並みが広がっている。軍閥の当局者たちと，中国側の雲南省の地方政府との間には日常的な人的交流がある。また言語や通貨を同じくすることから，軍閥たちはミャンマー中央政府との軍事衝突が起きるたびに中国からの出稼ぎ兵士を募集し，兵力の補充をおこなっている。⁽²⁾

　タイでは麻薬の取締が厳しく，ミャンマー，ラオス両国に対してケシ畑の撲滅を求めているが，両国では貧しい農家にとっての大きな収入源となっていることから，依然として違法なケシ栽培が後を絶たない。その一方，各国政府及び国連機関はケシに代わる換金作物として茶やコーヒーの栽培を奨励し，高価な品種の烏龍茶の栽培で成功している地域がある（ドイトンコーヒーなど）。特に元国民党系の在住中国人が栽培するジャスミン茶は，大陸反攻を断念した台湾政府が在タイ国民党軍残党に「手切れ金」「補償」として譲渡したといわれるもので，最高級の中国茶と言われている。取締強化や経済成長によってタイ北部では麻薬生産はほぼ消滅したといわれる。最近では治安もよくなり観光客も立ち入れるようになっ

ている。

2002年，ケシ栽培禁止令が出て，サトウキビ畑などへの転換が大きく進んだ。しかし国連薬物犯罪事務所の調査によれば，その後代替作物の価格下落とアヘンの価格上昇が重なり，2007年ごろから麻薬製造が再び活発化しているという。この地域ではアヘン生産の縮小と相反するように起きてきたのが，覚醒剤などのATS密造である。ミャンマーで錠剤型覚醒剤の押収が最初に報告されたのは1996年，その後，アヘン生産の縮小と反比例するように覚醒剤の押収量は増え続け，2000年以降は結晶型覚醒剤の押収も急増しているという。ミャンマー政府のコントロール下にない地域で，かつての阿片生産も，現在の覚醒剤生産も行われている。

【注】
（1）ここでは前掲2の文献の他，以下の文献・サイトを参考とした。高野秀行『ビルマ・アヘン王国潜入記』草思社（1978），吉田一郎『消滅した国々：第二次大戦以降崩壊した183ヵ国』社会評論社，（2012），http://news.xinhuanet.com/world/2005-6/23, 顔伯鈞著，安田峰俊編訳『「暗黒・中国」からの脱出──逃亡・逮捕・拷問・脱獄』文春新書（2016）。なお1989年までの時期はビルマ，以降はミャンマーとする。
（2）前掲1の顔文献　p.117

| コラム | 海外の中華系不管地の可能性 |

　海外のチャイナタウンを含めた中国人居住地区が不管地になりうる条件は，その地区に対する在地権力の管理，管轄，警察力が低下した中で中国人側の非公式な自治体制が強まった状況，あるいは中国人側内部がまとまらず混乱している状況など，終戦直後の横浜中華街のようなかなり特殊な場合が考えられる。しかしその底流となりうる兆候は，かなり存在するのではないかとみられる。

　最近，台湾の若者を中心に勢いが増しつつある台湾独立派に理解を示す華僑，華人の存在や，現在の横浜中華街にみられる老華僑と新華僑の対立などは，チャイナタウンの社会的まとまりに攪乱要因となっている。

　横浜中華街に来ている新華僑はITバブルで儲けた福建省出身者が多く，短期集中で投資の回収を図り最初から日本社会になじまない傾向が強い。現在中華街で営業する約520店舗中，老華僑を中心に構成される横浜中華街発展会協同組合に加盟している店舗は約330店であり，残りは加盟していない。その多くが新華僑の店舗である。組合に加盟すれば守らなければならない様々なルールを未加盟の店舗は守らず，強引な客引きを行なったりゴミ出しのルールを守らない例が目立つ。家庭ゴミ集積所に，飲食店から出た大量の残飯が捨てられるケースが相次いでいるという。飲食店から出る事業ごみは有料で処理すべきものだが，ルールを守らず，深夜に大量のごみを出す。店もバイキング方式で客の単価を下げ回転率を高めるために客引きに熱心で，別の場所でまとめて作り店では電子レンジで温めて提供する店もあるなど，従来の中華街

182

のブランドイメージの低下につながる新華僑の行動に対しては老華僑側では反感を持つ者も多く，両者の対立が顕著になっている。

　現在の習近平政権の下で進められている一帯一路政策は，ユーラシアやアフリカを中心として地域に中国人労働者，商人，ビジネスマン，企業家などが多数進出し始めている。かれらは必ずしも集住しているわけではなく個別，独自に活動している場合もあるが，多くが「中国商城」や「中国管理港湾」に拠点を置いている。特に，数十年の管理権を獲得した港湾では，その開発から中国人だけで行われ外部の人間は立ち入りが禁止あるいは制限されるなど，閉鎖的な傾向がみられる。そのような場所は主体的な管理はどこに属することになるのか外部からは不明確であり，将来的に不管地になる要素がある。かつて中国国内にあった租界，租借地を今度は中国が世界に設置しようともみえ，これが貿易上だけの拠点にとどまるかどうかは現在のところ不明だが，これまでのチャイナタウンとは異なり中国政府の海外戦略と密接なつながりを持った場所が形成され始めている。

〔参考文献〕
●「老華僑と新華僑が衝突　横浜中華街で勃発「2つの中国」問題」
　http//www.news-postseven.com/archives
●山下清海『新・中華街』講談社（2016）

VIII 戦後の横浜中華街の不管地性

　中華圏を構成する重要な要素にチャイナタウンがある。チャイナタウンは場所，時代を問わず，在地権力に認められた存在であり，不管地ではない。しかし在地権力の統治力が衰退したり，混乱した状況では，チャイナタウンが示す態度は様々である。さらに在地権力の国際的な環境の中での位置づけやチャイナタウン内部の状況によりチャイナタウンが不管地的特性を示す場合がある。その例を戦後の南京町時期の横浜中華街を例にとってみよう。

　現在の横浜中華街は特異なチャイナタウンである。日本人，外国人観光客向けに，飲食からアミューズメントに至るまで徹底的に中国文化を前面に押し出した観光街となっている。そのきっかけとなったのは，1955年に行われた中華街大通りの西側入口に中華街のシンボルとなる牌楼の設置である。横浜市側からの働きかけを受けて中華街側では議論を重ねて，中国文化をメインとした町づくりを行い入口に中日友好を意味する善隣門を建て「南京町」から「中華街」と呼称を変えることとなった。善隣門には「中華街」と書かれた扁額が掲げられた。これ以降，従来までの「南京町」に代わって「中華街」という呼び名が定着した。この背景には，中華街が終戦後から朝鮮戦争時期にかけて外人バーを中心に歓楽街化したが朝鮮戦争の休戦とともに進駐軍関係の需要減が顕著となったことなどがあり，中華街の未来を憂慮した一部の華僑たちも，中華街の新たな街づくりを模索し始めた。戦後の「南京町」時代を完全に否定しネガフィルムを反転させた姿が現在の中華街となっ

184

ている。

この戦後の「南京町」時代については，華僑華人側，横浜市側，及び中華街に関する多くの研究書，概説書，論文は，否定されるべき時期として多く語ることはない。しかし1つの街のあり方の評価については，その街が置かれた当時の経済，社会，政治環境の中で行うべきである。またその時期の「南京町」の特徴には，伝統中国，近代中国において行政境界や管理が入り乱れた場所に多く形成された不管地的要素があったのかについてもふれる必要がある。中華圏に広く分布するチャイナタウンは，一般的なエスニックタウンと比較しても同郷，同業，同宗の団結が強く外部の管理が困難な状況を示す場合があるとみられるからである。

当時の「南京町」時代の中華街はどのような実態であったのか，不管地的状況はあったのか，その背景は何か，どのように評価すべきかなどについて当時の新聞記事や住民の証言を中心にみてみたい。なお1955年以前を「南京町」，以後を「中華街」とするのが本来的には正しいが，当時の新聞記事や資料などには，区別されずに使われている例も多く，ここでは原文の通りに引用するほかは基本的には「中華街」とする。

1. 終戦直後の中華街

空襲で焼け野原になった中華街をはじめ横浜中心部で終戦直後に始まったのが進駐軍による接収である。進駐軍の司令官マッカーサーは山下公園に面したホテルニューグランドを宿泊地とし，第8軍の司令部は横浜税関に置かれた。以後，横浜の中心部の

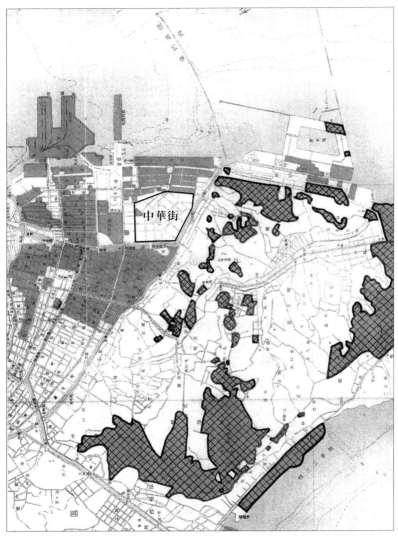

図57　戦後横浜接収区域と中華街（『横浜市史 資料編7』横浜港隣接地帯接収現況図（2000），灰色部分：接収地，網掛け灰色部分：接収住宅地）

VIII　戦後の横浜中華街の不管地性

主要な建物，施設，土地が次々と接収され，横浜市内では1,600
ヘクタール，全国の接収面積の約62%を占め，中区の約35%が
接収された。図57は1951年における横浜中心部の接収の状況で
ある。港湾地区，中区の市街地の大部分の他，明治の開港以来，
欧米人の住宅地となっていた山手も洋館住宅地を中心に接収され
た。「戦勝国民」が居住する中華街は接収をまぬかれ，結果として
進駐軍の接収地域に取り囲まれることとなった。進駐軍はアメリカ
軍が中心であり，当時の横浜中心部は，「リトルアメリカ」とでもい
うべき状況にあり，アメリカとの関係なしにはすべてが機能しない
環境にあった。

　この時期の中華街については

　「当時の中華街（とはいわなかったが）は治外法権のめちゃくちゃ
な街で，それこそカネさえだせばなんでも買えた。あらゆる物資が
不足していた時代なのに中華街だけは特別で，いわば地域全体が
闇市といっても見当はずれではないところだったのだ。」[1]
とあるように「治外法権」的な状況であったとする証言が多い。
当時の状況を『神奈川新聞』1946年1月14日号に「國際色に賑
わふハマの南京街」として

　「ハマの南京町—それは戦前からの特異の存在として親しまれ
てきたが，いま終戦後，この街は戦前にも劣らぬ繁栄をみせてゐる。
……元も子もなくした灰じんの中から，而も連合国人として今は完
全に分離された中国人たちが不屈の意欲に燃えて築くその復興ぶ
り，そこには統制のわく外が如何なるものなのかを示さするととも
に，彼等民族特有の粘りと団結の力を遺憾なく示してゐるのだ。出
来たてのやきめし，天どん，中華そば，さては甘いおしるに中華

まんじゅう迄，油，香り鼻をつく店先に立つは愛児を背負った母親，家族連れの紳士など，彼等は週に一度や二度はその栄養補給に必ずこの街を訪れると云ふ。」

とあるように，戦勝国民となった中国人が，治外法権的立場のなかで，同郷，同業などの自らの団結力を基盤に，連合国から優先的に配布される食料，雑貨などを元に料理業を繁栄させていた。中華街（山下町）に来れば食料はなんでもあった。

「GHQからのいわゆる特配という華僑あての特別配給で，家族はずいぶんと助けられた。食べるというだけじゃなく，商売の材料としても使ったの。それに親父はGHQのキャンプでコックもしてたから，砂糖，油，缶詰という具合にそこでも材料をもらってきてたんだよね，それでここに家を建てられたわけ。[（2）]」

とあるように中華街の華僑はGHQと密接なつながりがあった。中華街が「リトルアメリカ」の中心にあったことが，戦勝国民扱いだった華僑の立場をさらに優位にし，中華街の復興に大いに役立った。

当時の住民の証言として「復興のめざましかった山下町には，食料を求めて日本人が殺到した。売上金は，いちいち数えていられないほどで，四斗樽に日本紙幣は無残にも投げ込まれた。投げこんでおいてかさ張ると足で踏まれた。どこの店もどこの店も繁盛した。これをいつも見ていた私は，胸のなかに敗戦の悲嘆がこみ上げてくるのが耐えられなかった。[（3）]」とあるように，中華街は横浜最大の闇市として，市民にとって食欲をそそり満たす場所であった。中華街には約300軒に近い中華料理店が軒を並べ，寿司やどんぶり類，また，うどん，そば，飴菓子などを販売していたため，職を求めてあつまる人々のために大賑わいを呈した。[（4）]

188

1947年1月当時，神奈川県在住の中国人は2,328名で，その7割以上が中華街に居住していた。しかし，終戦直後の中華街は闇行為が横行し，闇物資を利用した料理店や繊維製品の販売を営むなど異常な活気を呈した。なかには戦勝国民としての意識を強く持ち敗戦国の法令などには従う必要はないとして，不法建築・無許可営業・土地を不法占拠する者などもいた。

したがって，当時の中華街では，経済事犯，刑事事犯，民事事犯等が頻発したが，当時の日本警察の立場としては，これら不法事犯に対して強硬な態度をもって臨むことは極めて困難であった。その原因の一つが，犯罪の法的取り扱いが明確でなかったことにある。中華街の中国人，台湾人だけでなく川崎，鶴見に多く居住していた朝鮮人についても同様であった。終戦直後，朝鮮・中国・台湾人の犯罪の取り扱いに関しては終戦直後は明確にされていなかったが，1946年2月19日，GHQから「刑事裁判権の行使」についての覚書などが発せられ，法権の所在が明らかとなった。すなわち中国人は連合国民として連合国軍が法権を有し，朝鮮人は「解放せられた国民」であって連合国人には含まれず，一切の日本法令に服するを義務を持ち，台湾人は「将来変更されることあるべきもそれまでは朝鮮人同様の立場に置かれて可なり」とされた。内務省警保局はこれに基づいて1946年3月2日，刑事裁判権等の行使に関する件などの関係指令を全国都道府県に対し通達した。

これらの法令に基づき，進駐軍の治安当局は強力な取締り実施計画を策定し，日本警察と協力して重点的取締りを実施したが，かれらの治外法権的意識を払拭するにはなかなか至らなかった。大陸に国籍がある者は，連合国民として連合国軍が法権を有すると

いう点が日本の法令，警察に対する態度に幾許かの影響を与えたことは否めない。また台湾人も「将来変更されることあるべきも」一切の日本法令に服する義務を持つというやや不安定な位置づけが影響を与えていたとみられる。

　中華街の豊富な物資は，中国人が米軍のＰＸから購入してきたものに止まらず，米軍からの非合法な横流し，さらには組織的な密輸によるものもあった。また豊富な資金に支えられて，日本国内の闇物資も大量に流入した。日本人の中に闇のリンゴを貨車一両分ほど買い，それをそのまま中華街の商人に売却するなどの者たちが出てくるなど，闇物資の流入先としても中華街は存在感を示していた。野毛町など，日本人が中心の闇市には警察が一斉取締りを行い，闇物資の摘発や公定価格での販売を指導したが，戦勝国民である中国人が多くを占める中華街に対しては，日本の警察は及び腰にならざるを得なかった。

　野毛の露天街も夜になると米兵の発射するピストルの音が聞かれ，殺人・強盗・ひったくりが横行したが，中華街の無法ぶりはそれを凌ぐものであったという。1946年1月2日の『神奈川新聞』は「夜ともなれば別せかいが展開すると言ふ，あゝ到底我々の足向ける場所ではない。」と述べており，当時の中華街は日本人が簡単に足を踏み込めるような場所ではなかった。けれども，こうした中国人たちの中にあっても，一部の有識者間には，日本に在留する以上，日本の法令に従うのは当然であるという意見を持つ者がいて，その意見に従って法令順守の気配も出始めていた。

　強く取締れない日本警察に代わって，米軍の強力な指令が出され始めた。1946年9月12日の『朝日新聞』に「横浜の中華街

露店に閉鎖命令」として

「十日附で横浜中華街の露店は閉鎖すべき旨横浜地区米憲兵司令官カスティール大佐からの命令があった。同地区は露店指定地区ではないにも拘らず終日日華両国人により露店が営まれ，相次ぐ粛清も実質的には効力をあげず，今回の閉鎖命令となったもので，問題の露店はすでに十日から姿を消している。」

さらに1946年10月2日の『神奈川新聞』に「中華街を抜き打ち，モグリ露店も封殺」として

「九・一〇旋風で粛清された中華街の青空市場はいろいろな意味で注目されてゐたが，最近またまた関係当局の厳重な監視網を巧みに抜けて，主食糧品はじめ禁制品，生鮮魚介類，青果物類を不正販売する不心得者があるので，所轄加賀町署では県経済防犯課に連絡し，とくにMPの協力をもとめて一日早朝，青空市場の禁止区域中華街を中心としてモグリ露店の抜打一斉取締を行った。この網にかかったものは青果物十名を筆頭に，米穀四名，繊維製品三名，鮮魚，雑貨各二名計二十一名を数へた。検挙された中には九・一〇粛清後，関係当局の監視取締網を尻目に，早朝または夕刻ごろを狙って常習的に不正販売してゐた不届□もあり，これら悪質者は厳罰主義で送局する方針である。尚県経済防犯課は同様の不正販売が他にも行われてゐるとの投書や風評もあるので，直ちに関係各署に指令し監視取締を行ふやう督励した。」

とあるように露店の取締りが度々行われた。

1947年7月1日，GHQから公布された政令118号飲食営業緊急措置令は，営業許可の厳密化，闇物資の使用，横流しの禁止をはじめとする様々な禁止に関する通達であった。具体的な取締りは

日本側の報告に基づきアメリカ軍の軍政部が行った。アメリカから優先的に行われている援助食糧の横流しや禁制品であるゴム製品，タバコ，繊維製品などが厳しく取締られた。問題は中華街の秩序の混乱にまぎれて不当利益を貪ろうとする日本人が少なからずいたことだった。彼らは中国人の名義を借りたり共同経営の形式を取るなどして暴利を貪っていた。この措置令の実施にともない，措置令に違反してでも営業を続けようとする者や，GHQや米軍第8軍神奈川軍政部に押しかけて実施反対の陳情を連日繰り返す者が出るなど，中華街は不穏な空気に包まれた。しかし日本警察には力はなくともGHQおよびアメリカ軍軍政部の権力は強く，その方針には抗しがたく従わざるを得なくなっていった。名義借りなどで闇利益をあげていた日本人たちの摘発も進み，華僑総会もGHQの方針を尊重する方向で中国人全体の指導にあたり，少しずつであったが経済事犯関係は少なくなっていった。また1947年には外国人登録令が施行された。

　終戦直後の中華街の復興は料理業を中心になされた。これは上述のとおり，戦勝国の一員として中国人に対して食料などが優先的に配給されたからであり，食料不足の当時としては横浜で最も食にありつける場所であった。1949年初頭の中華街は，料理店が百十数軒，洋品店二〇軒，魚屋七軒，八百屋二軒，靴屋三軒，それに若干の雑貨商が交じり，総人口五〇〇〇人に達していた。現在の中華街の規模の大きい中華料理店はこの時期に復興と資本蓄積を行ったものが多い。

　1948年の7月21日の『神奈川新聞』に「第三国人にも適用強化　電力面の治外法権を一掃（中華街等）」とあるように，戦後電力

表2　進駐軍関係犯罪種別統計

犯罪種別	発生件数	検挙件数
殺人	20	8
強姦（未遂を含む）	96	13
強盗	1,965	66
傷害	193	16
警察官被害	120	9
計	2,394	111

の使用量に関して，中国，朝鮮籍の人々について制限はなかった
が，日本国内一般と同様，一定の電力使用制限に従うこととなっ
た。また1948年7月31日の『神奈川新聞』に「横浜華僑も協力
的　第三国人への課税決まる」とあり，中華街在住の中国人も日
本の法律に従い納税に協力することとなった。このように経済生活
上の治外法権的地位は中華街から次第になくなっていった。しか
し接収施設の返還などの周囲の「リトルアメリカ」状態が解除さ
れていくのは，朝鮮戦争が休戦となった1950年代前半ごろからで，
そのころまでは終戦直後の環境が続いていた。

2. 犯罪と中華街

　ここで当時の中華街の特に犯罪事犯を見る場合，米兵，米軍関
係者を中心とする進駐軍関係者が関与したケースも少なくなかった
とみられる。表2は1945年8月から1947年1月までの間，神奈川
県全体で発生した進駐軍人によってひきおこされた犯罪のうち重要
事件の発生ならびに検挙状況である。[6]

　表2でもあきらかなように，進駐軍人による犯罪の検挙率はわず

かに5％にすぎなかった。占領下においては、これらの犯罪に対する裁判権，捜査権はなかった。中華街で米軍将兵による傷害事件がおこってもMPが逮捕，処理することが多かった。進駐当初は強盗，および強盗に伴う傷害事件が多かったが，次第に飲酒による傷害事件が増加した。その背景には進駐の長期化による精神的苛立ち，不安定があったとされている。その飲酒の中心的な場所の一つが「リトルアメリカ」の真っ只中の中華街であった。しかし当時，進駐軍関係者の犯罪については報道規制がしかれていたといわれており，実際，当時の新聞記事に進駐軍関係者の犯罪記事は極めて少ない。

　この時期，中華町関係で犯罪記事が載るのは，麻薬関係が多い。麻薬，覚醒剤並びに風紀事犯はなかなかなくならないだけでなくむしろ増加する傾向がみられた。終戦直後は横浜全体で覚醒剤の乱用事犯が多かった。これは，戦時中，軍需工場で不眠不休の作業に，あるいは特攻隊員のために軍用品として生産されていた覚醒剤が終戦になり大量に放出されたことが原因といわれていた。麻薬事犯は中華街に端を発していることが多かった。

　『神奈川新聞』1951年4月14日に「中華街に巣くう麻薬密売團検挙　神静二懸で商取引　犯罪の裏に躍る朝鮮娘」として横浜市中区山下町一三六の新光ホテルで麻薬を密売中の台湾人とその手先の朝鮮人の少女を検挙し神奈川，静岡にわたる密売ルートが判明した。また『神奈川新聞』1951年10月11日「中華街アヘン窟急襲　十一名の常習者捕まる」によると

　「中華街にアヘン窟があることを知った神奈川県麻薬事務所は，地検総指揮の下，国警，横浜市警の協力によって，十月九日夜

九時に，山下町一五一の無職林釣拳，同町一六四の無職陳景援，同町一四八の無職伍有勝の三カ所を急襲し，同所でアヘンを吸っていた，英船カファリスタン号水夫長石米および横浜中華街の華僑ら十一人を現行犯で検挙し，アヘン八〇グラムと吸引具を押収したとある。」

　また中華街を管轄する『加賀町警察署のあゆみ』によると，横浜中華街を中心とする麻薬密売団を内偵していた加賀町署は1952年8月14日夜9時半ごろ，制・私服警官46名を動員し，本拠とみられる山下町151大同クラブ（中華・台湾人構成）を急襲して中心人物とみられる東京都中野区西町16根岸勝造方中華人C（28），中区山下町150貿易商S（31）ら30名を麻薬取締法，外国人登録令違反，賭博の疑いで検挙，うち20名を留置するとともにヘロイン10ｇ，注射器，賭博道具，寺銭1万5千円などを押収した。調べによると，同クラブは30坪の平屋建で三方に出入口があり，室内には吸引室，賭博室，麻薬調合室，マージャン室などのほか用途不明の小部屋2室があり，組織的な麻薬の秘密取引所とみられた。更に，賭博なども盛んに行われ，中国人，台湾人，密入国者が常時出入りしている点などから国際的な麻薬団の疑いも深かった。中華街には麻薬の秘密取引所があった。

　1953年9月29日の『神奈川新聞』によると「大麻煙草を売り捕る　麻薬にかわる新しい傾向」という記事で

　「加賀町署は，南区真金町1－6無職山本一夫（21）を大麻取締まり違反の疑いで検挙するとともに家宅捜索した。調べでは，同夜中区尾上町キャバレーオリンピック付近で大麻（インド原産の麻薬の原料）をきざんでつくった煙草5本をもって駐留軍兵士に1本200

円で売っていたもの。山本は拾ったといっているが、先月キャバレーで便所内で化粧袋に入った大麻のたばこ30本が発見されたことがあり、同一グループのしわざとみて追及している。大麻製の煙草は一名マリファナ煙草ともいわれ、原料も野生しているところから最近使用者が増加する傾向にあり、1本200〜500円で売られ、使用者は駐留軍に多いといわれる。同署は今後、麻薬(ヘロインなど)にかかわるこの種の煙草が広く出まわるのではないかとみて、警戒しているが、県下で検挙されたのはこれが始めてである。」
とある。終戦後、横浜港は麻薬密売の拠点となっていた。主な流入先は香港港で、香港の麻薬取引の中心であった九龍寨城に集められたものが多かった。この当時の九龍寨城は、麻薬売買を中心とした三不管的状況にあった。1955年3月26日『神奈川新聞』[9]には「中華街で麻薬密売取引現場襲い六名検挙」とあり、京浜地区の中国人相手に麻薬を密売していたグループが中華街で麻薬取引の最中、検挙された。

　1956年の加賀町警察署の管内報告によると、「管内は地域的には、横浜港に隣接している国際色豊かな中華街を有しているので、駐留軍人関係及び一般外国人関係(特に中国人)による関税法及び外国貿易、同管理法違反事件が多く免税品の譲渡、ドル売買不正所持等の検挙が他署に比較して多い傾向にある。また麻薬事犯は中国人が多く居住している管内において取引が行われており、その動向に注目し検挙に努めた。」とあるように、横浜港の接収さ[10]れた各施設の返還が行われ貿易港としての機能を取り戻し経済成長とともに日本有数の国際貿易港として発展し始めた横浜港に隣接した中華街は、駐留軍(日本の独立後、進駐軍は駐留軍と呼ばれる

ようになった）関係，外国人関係，及び麻薬関係の中国人による犯罪が多かった。朝鮮戦争後も終戦直後とさほど変わらない治安状況が窺われる。1958年に横浜港に入港した内外船舶5300隻のうち密輸容疑船として警察がマークしていた船舶は，696隻だった。[11]

　1964年については「麻薬事犯については，強力な取締りにより，表面的には影をひそめたが，ますます潜在化し，巧妙化の傾向が強くなり，しかもその大半が中華街と何らかの関係をもっており，麻薬犯罪前歴者，刑務所出所者等23名の調査を行い，その実態は握と対象者の検挙に重点をおいている」とある。[12]

　中華街が麻薬取引の拠点の一つとなったのは，中華街が当時東アジアにおける麻薬取引の中心であった香港との関係が深かったこと，即ち，香港からの移民が多く横浜港自体が香港からの貿易船が多かったこと，横浜港に来る外国人船員の飲食の場であったこと，「リトルアメリカ」の真ん中にあり米軍将兵の飲食の場でもあったこと，外国人船員や米軍将兵を通して麻薬が流入したり，彼らが顧客でもあったことなどが背景としてあげられる。特にこの時期の香港の九龍寨城は麻薬取引の中心であり，香港―横浜の貿易関係を通して流入する例が多かったとみられる。

　この後も1966年については「凶悪事件は中華街を中心として駐留軍兵士又は外国人を相手とするところのバー等の飲食店が100数店舗あるため，飲酒による駐留軍人等による凶悪事件の発生が多く，凶悪事件発生の3分の1を占めた。」とあり駐留軍人等による凶悪事件が多い状況は1956年の状況，さらに終戦直後の頃とさほど変わらない。[13]

　また1968年について「麻薬関係事犯は，強力な取締りによって

表面的には全く影をひそめた感があるが，内面的には種々の情報
があり，特に管内の特殊事情から不良外国人及び船員等が，中華
街を中心に販路を求めている等の情報があるため，管内居住麻薬
前歴者，刑務所出所者等の実態動向の把握とともに情報収集活動
を推進し，捜査した結果，大麻取締法違反11件9名を検挙し，県
下第1位の実績であった。[14]」とあるように麻薬の取引の場所としての
中華街の役割は変わっていない。

　横浜周辺に米軍基地や住宅地が存在し，横浜港における海外
貿易が進展している限り，横浜港の歓楽街として中華街が機能す
る限りにおいて，麻薬取引の根を絶つことが難しい状況にあった。
麻薬関係に事犯は中華街だけでなく，駐留軍居住区があった本牧
をはじめ横浜全域にみられたが，麻薬の有力な取引場所として中
華街があったことは確かである。その原因としては，駐留軍の兵士
や船員が最も頻繁に出入りしていたのは中華街であり麻薬の購入
者が最も集まる場所でもあった。

3.　中華街の歓楽街化

　終戦直後の中華街は闇市を中心として料理店，食品関係の業種
が盛んであったが，1950年朝鮮戦争が始まると中華街は大きく変
わった。その当時の中華街については

「ただね，その頃のこの街はね，まだまだ料理店は少なかったん
ですよ。外国人バーが圧倒的に多かったし，風紀も乱れてた。当
時の日本人は怖かったんじゃないかな。戦争で負けたし，アメリカ
人や中国人はたくさんいるし。僕が小学生時代だから，1950, 1年

頃ね。料理店は街全体で十五軒，あるかないかでしたよ。だって西の延平門から入って，いま横浜大飯店があるところはお汁粉屋さんだったから。それで，その隣が薬屋で，玉突き屋があって，その隣りがバー。で，うち萬珍楼，華勝楼。で，その先に行くと，牛乳屋があって，国民党の事務所があったりして，表通りは普通の町だったよ。裏通りは，外国人バーが軒並み並んでいたけどね。」(15)

とあるように1950年代になると中華街に外人バーが急増した。これには1950年に勃発した朝鮮戦争により横浜が連合国軍，特に米軍の兵站補給基地，休養基地となり，兵士が中華街に繰り出すようになったからである。機を見るに敏な華僑にはバーやキャバレーを開き，大きな利益を得る者が続出した。これらのバー，キャバレーでは，アメリカの風土にあった音楽，ジャズが盛んに演奏されたりダンスが流行したり，一種の軍需景気が現出した。(16)

「僕が子供の頃の中華街，だから，1940年代，当時はまだ唐人街って親父たちは言っていましたけど，その頃の街は料理屋も少なくて，裏通りに外国人バーがたくさんあって，客引きがウロウロしてて，夜の蝶の嬌声が響くっていう，夜の蝶なんて言い方は古いか，ホステスだね。そうですよ。客は外国人，それも米軍の兵隊。だから警察も日本の警察じゃないですよ。MPって，アメリカの警察が治安を守っていました。そうちょっと怖い街だったんです，ここらは。それでも，中国人がオーナーのいろいろな店が寄せ集まっていましたね。」(17)

「ここが中華街の大通り。平日の夕方なのにかなり人通りがありますけど，私が若い時はこんなもんじゃなかったですよ。それこそ，朝からアメリカ兵でいっぱい。そう，朝からですよ。体の大き

な白人のGIや黒人兵で，この通りも裏通りも，町全体がふくれあがってましたから。いや，中華料理を食べるんじゃないんです。ここには，アメリカ兵たちの「外人バー」がたくさんあったからです。おおきな店では，「ブルーガーデニア」でしょ，それから「レッドシューズ」に「クラブクイーン」，「マンダリン」なんていう店もありましたね。ええ，この大通りにあったんです。裏通りは，もっとすごかった。小さなバーがひしめきあうように軒を並べて営業してましたから。店のオーナーは，中国人だったり，韓国人だったり，日本人だったりしましたが，ホステスはだいたい日本人でしたね。」[18]

とあるように1950年代前半の中華街は外国船の船員や駐留軍の兵士を相手とした外人バーを中心とした歓楽街としての色彩が強かった。元々，日本のバーの発祥地は山下町で，1860年，居留地70番地に日本初の洋式ホテルとして開かれた「ヨコハマホテル」の中に設けられたプールバーが，日本最初のバーであるとされている。「ミリオンダラー」「バンブー」「チェリーブロッサム」といったカクテルは横浜オリジナルのカクテルである。朝鮮戦争の頃の中華街には138軒の外人バーがあった。外人バーのオーナーたちは，中国人，韓国人，日本人とまちまちであったが，ホステスのほとんどは日本人であった。

　横浜港に米軍の軍艦や輸送艦が接岸すると，日本人がマイクロバスで，米兵たちを横浜中華街へと連れていく。彼らは米兵相手の日本人娼婦を斡旋するポン引きで，外人バーからマージンを貰って米兵を店に連れて行くのである。外人バーは，朝七時くらいから営業しており，白人用の店，黒人用の店とはっきり分かれていた。外国船員や米兵は酒の勢いもあって，女をめぐって殴り合いをする

など，喧嘩が絶えなかった。そのためこの界隈はブラッドタウンとも呼ばれていた。また中国系，朝鮮系，日本人のヤクザも入りこんでいて，現在中華街で香港路と呼ばれている路地はポンコ横丁といって，人を連れ込んでは殴り合ったり，恐喝があったりする通りの一つだった。

　ベトナム戦争にアメリカが本格介入した1964年頃から米軍の全面撤退の1973年の間，横浜は再び米軍の補給基地，休養地となり，中華街の外人バーに米兵が溢れた。酒に酔った米兵のトラブルが絶えなかったので，SP（Shore Patrol＝海軍憲兵）という腕章をつけた米海軍の憲兵が見回りをしている一方で，腰に拳銃をぶら下げた酔った水兵が路地をうろついているという不気味な状況であった。このようにベトナム戦争終結まで中華街は外人バーを中心として，かなり治安の悪い状況が続いた。

　外人バーやクラブは，社会治安上，風紀上は否定的な評価をされがちであるが，そこのジュークボックスや生バンドの演奏から流れる洋楽やダンスは，中華街から横浜，東京へ伝播され，戦後の洋楽受容の拠点の一つの役割を果たした。

4.　歓楽街からの脱却

　朝鮮戦争が休戦になり米軍兵士が帰国し始め軍需景気が終了すると，中華街は新たに変化した。大通りにはこれまでのバーやキャバレーに代わって中華料理店が復活した。以前の中華料理店はあくまで，中国の，それも同郷の人たちのための料理を提供していた。その店に，たとえ日本人が来たところで，興味本位で，中国人

が食べているものを食べるために来ただけだった。それが，中国人ではなく，日本人相手の料理店が次々と誕生したのである。本格的に日本人の好みに合わせた中華料理がつくられるようになったのは，1953（昭和28）年～1955（昭和30）年頃であった。[20]

　また，その頃になると，戦後の日本人の生活も安定してきて，おいしいものを食べに行くという余裕も生まれてきたことも幸いしたかもしれない。ここで現在の横浜中華街の原型ともいうべき，日本人相手に商売をするこの街の歴史がはじまったと言えよう。1952年には横浜港の大桟橋が接収解除となり，貨物船や客船の出入が多くなるにつれて，その人々のなかには中華街へ流れ込む人々でてきた。本来の貿易港の機能と賑わいを取り戻した横浜港の繁華街として中華街は変化し始めた。

　1953年11月25日の『神奈川新聞』によると「ハマ名物を昔に返せ　中華街・元町振興会生まれる」として横浜市，横浜商会，横浜華僑総会が中心となりかつての中華街，元町の賑やかさを取り戻そうという運動が始まった。1955年には中華街大通りの西側入口に中華街のシンボルとなる牌楼が設置された。戦前と異なり異国情緒を前面に出した街づくりが開始された。

　図58は1956年当時の中華街の料理店と外人バーの分布状況である。主要な大通りまで外人バー，キャバレーが占拠していた状況から，大通りは中華料理店が中心となり外人バーは裏通りや中華街の周辺部に立地する状況に変化している。朝鮮戦争休戦後の外人バーの減少のなかで，中華街が次第に中華料理店を中心とした街に変化し始めたことが窺われる。

　善隣門が建設されてから数年後の中華街については，1960年

VIII　戦後の横浜中華街の不管地性

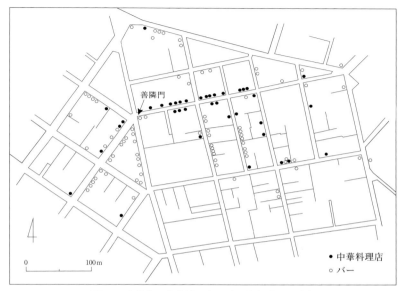

図58　中華街の中華料理店・バー分布（1956年）
『横浜市経済地図 中区 明細地図 昭和31年版』より作成

　12月20日の『神奈川新聞』に「中華街の昨今」、サブタイトルに「戦前をしのぐ復興　総合歓楽地帯へ飛躍　最近では鉄筋デラックス店が続々と出現」と中華街の復興の状況を伝えている。
　「大通りに中華大門が建設されてからは急速に復興のピッチが上がった。この間、バラックが本建築にかわり、銀シャリのどんぶり物専門だった店も本格的中華料理を競うようになった。現在、大通りを中心に大小三十数軒が軒をならべているが、とくに、ここ二、三年は、有名店の拡張が相次ぎ、結婚式場を備えたデラックス店が続々出現した。中には鉄筋コンクリート五階建てという超デラックス店もある。」とあり、戦後の闇市的雰囲気を残していた状況

203

から本来の中華料理店として現在につながる店が増え始めていた。この背景には高度経済成長が始まるなかで，庶民が本格的な中華料理を食べるようになったことがある。また「戦後の中華料理は味とともに見た目にも研究が加えられて，盛り方や色彩などにも現代人の好みにあいよう改善されたといわれている。」とあるように，日本人の好みに合うように改良されるようになった。

また華僑華人側の変化として「これらの人たちも時代の風潮にそまってきたのか，中華街の昔のエキゾチズムは失われ，魅力的な中国服婦人や，店頭にブタの頭をつり下げた肉屋というような中国色は見当たらなくなった。年中行事や風俗的習慣などもすたれて，国慶節や港まつり仮装行列にあらわれる獅子舞いのほかはみられなくなり，泣き男や泣き女の連れ添った中国の珍しい葬式行列など，ハマっ子の遠い思い出の中に消え去ってしまった。」とあるように戦前や戦後まであったチャイナタウン本来の中国風の習慣がなくなりつつあった。

また戦前と異なるのは，1949年中華人民共和国の成立にともない，子供たちが通う学校をはじめ横浜華僑は大陸系と台湾系に分かれたことである。しかし「一部指導者を除いては表立った思想的対立という，とげとげしさは見当たらず，華僑の大陸的性格を物語っている。」とあるように外部者からみた印象としては分裂まではいたっていないと述べている。この辺りは微妙なところで当事者にとってはそれぞれ複雑な思いがあったことが華僑の回顧談には多く出てくる。1952年には，横浜中華学校の国民党系の教員を共産党系の父兄や生徒が攻撃する事件が起こり，中華学校は1953年に国民党系の横浜中華学院と共産党系の横浜山手中華学校に分

裂した。1966年になると大陸の文化大革命の影響受けたグループが国民党を支持する華僑の店のガラスを壊したり，国民党系の横浜中華学院の教師，関係者の攻撃する事件もあった。1950年代半ばから1960年代半ばにかけての時期を「失われた十年」という華人もいる。

「今後の課題としては，自家用車族の増加による駐車場問題が一番の悩みとなっているが，最近，町の周囲に外人相手のバーが激増してして"本牧"なきあとの特殊地帯を作っているほか，近くにマリンタワーも完成して，総合歓楽地帯としてさらに飛躍への条件を加えている。」モータリゼーションの進展に伴う駐車場の確保の必要性が出ているほか，中華街の周辺に急増した外人バーの問題が指摘されている。"本牧"は本牧の米軍住宅地域に隣接した地域で，チャブ屋という外人相手の風俗系の店が多数あったが売春防止法の成立以後衰退し，その代りに中華街周辺に外人バーが増加した。これらの経営者は日本人が多かったが，土地や店舗を貸したのは華僑，華人が多かった。歓楽街化することには華僑，華人側にも様々な意見，立場があり，統一されていたわけではない。このような中，1960年代初めから世界の貿易物流のコンテナ化が始まり，従来の貨物船に代わりコンテナ貨物船が登場し，コンテナの積み下ろしに必要なガントリークレーンや広大なコンテナバースが港に必要になってきた。横浜港もコンテナ化への対応を迫られることとなった。1963年から建設が始まった本牧埠頭はコンテナ化対応を主眼とし，1966年には本牧埠頭にコンテナバース，552メートル3バースの設置計画が立てられた。そして1968年に本牧埠頭にコンテナ船第1号船としてアメリカの「プレジデント・タイラ」が

入港した。⁽²¹⁾

　以降，海上輸送のコンテナ化は本格化していくが，同時に貨物の荷役作業は大幅に合理化され，船上業務に必要な船員も少ない人数で事足りるようになった。コンテナ化の波とともに中華街に来る船員は減り始めた。⁽²²⁾

　このコンテナ港化が，横浜港だけでなく港町横浜，さらに中華街の大きな転換点になった。またベトナム戦争からアメリカ軍の撤退が始まり横浜の米兵たちも帰国を始めた。中華街の外人バーも次々と店を閉め日本人向けの中華料理店が増え始めた。

　1972年の日本の中華人民共和国との国交回復は台湾系華僑に打撃を与えた。日中友好の機運が国内で高まり，中華街へ足を運ぶ日本人が増えていったが，中華街の華僑の対立は中々解消しなかった。両者の対立が解消し始めたのが1986年に炎上した関帝廟の再建であった。二つの華僑総会が話し合いの場を持ち，協力して再建事業に取り組むこととなった。ここに中華街が一つとなって新しい街づくりを行う土台が出来た。1955年の善隣門設立以来，30年が過ぎていた。

┃結びに

　終戦直後の中華街は外部の人間からすると「治外法権」の場所としての印象が強かった。「戦勝国」としての中国人はGHQから食料，物資の特別配給を受け，中華街は闇市をはじめとする食料，物資供給の場所として賑わった。復興にあたって中華街は当初からGHQ，そして進駐軍将兵と密接なつながりがあった。大桟橋を

VIII 戦後の横浜中華街の不管地性

はじめ港湾施設の殆どを進駐軍に接収された横浜港は進駐軍の管理する貿易，軍需物資の取引に依存せざるを得ない状況にあり，中華街はそのような「リトルアメリカ」のど真ん中にあった。

横浜中華街は少なくとも1951年のサンフランシスコ平和条約による独立と日本政府による国内統治権の確立までは，地元行政，官憲側からすると管理が難しい場所としての性格が強かった。国家としてはいまだ承認されず，GHQ の厳しい監督の元，代理統治者としての日本政府，警察は，戦勝国である連合国の一員である中国系住民に対して，強い態度で臨めなかった。その中国系住民も1949年の中華人民共和国の成立により大陸系と台湾系に分裂し対立した。さらに，朝鮮戦争時，横浜が米軍の補給基地，休養地としての役割を果たしていた時期の横浜中華街（当時は南京町）は，外国船の船員，米軍兵士用の歓楽街となっており，特にこれらの店が開店する午後9時以降は一般の日本人が気軽に立ち寄れる場所ではなかった。この時期は表面的には誰がコントロールしているのかがわかりにくい不管地的な状況であった。

そこには第二次大戦後の「戦勝国」，「敗戦国」としての関係，進駐軍の占領政策，日本の独立問題，国共内戦と中華人民共和国の成立，朝鮮戦争による米軍駐留増と横浜の補給基地化に影響され，対応したやり方であった。また朝鮮戦争後も高度経済成長を支えた貿易港として発展した横浜港の中での対応が総合歓楽街的な方向であった。現在，中華街の大規模な店舗はこの時期に資本蓄積を行った。

徹底した日本人，観光客向けの店づくりになった現在の中華街は，東京ディズニーランドにも匹敵する集客力を持った集客施設と

207

なっている。誰でも気軽に行き楽しめる街になった一方で，老華僑には中華街に居住しない者が増加し店や土地を外部の者に貸して，その子供，孫たちは中華街を離れ別の職に就く者も増加した。借りた者には新華僑も少なくない。かれらは可能な限り短期間で利益をあげるために坪効率や回転率の向上を図り，廉価な食べ放題の薄利多売方式の料理店となったところが多い。これらの店の増加や中華街を離れて住む華僑華人の増加も中華街では基本的に時代に即した変化として選択されている。そこには様々な問題が生じているが，その時代の日本，横浜，そして国際の諸方面に対して自らを閉ざすことなく開放的に対応し自らを変化させてきた中華街の一貫した姿がみられる。戦後の「南京町」時代の姿もその一部であり，その視点から評価されるべきものだといえる。

　戦後の南京町時代の中華街は，占領下の日本・横浜にあり周囲は占領側の中心であるアメリカに接収されおり，戦勝国の一つでもある中国は大陸系と台湾系の対立が顕著であるという特殊な地政学的枠組みの中に存在した不管地であったといえるだろう。ただ中華圏の一翼を担う世界各地のチャイナタウンも今後，同様な条件下に置かれれば似た状況が発生する可能性はある。現地政権の統治力の衰退，混乱や，チャイナタウンの政治的独自性の追求などが発生すれば，不管地的状況が出現しかねない。現在，台湾独立派の台頭が華僑華人に大陸派との分派，対立を引き起こす可能性もあり，チャイナタウンや中国人進出地域の動向は注目する必要があるだろう。

VIII　戦後の横浜中華街の不管地性

【注】
(1)　佐野美津男「振り向けば中華街」『中華街8月号』(1974)
(2)　村上全一『横浜中華街的華僑伝』新風社（1997）p.99
(3)　『横浜・中区史』(1985) p.344
(4)　『加賀町警察のあゆみ』神奈川県加賀町警察署（1982）p.211
(5)　『横浜市史II』第二巻下（2002）p.231
(6)　『神奈川県警察史』下巻　神奈川県警察本部（1974）p.383
(7)　栗田尚弥『米軍基地と神奈川』有隣新書（2011）pp.146-147
(8)　『加賀町警察署のあゆみ』p.214
(9)　拙稿「香港九龍寨城の不管地空間」国際文化学部論集16－3
　　　（2015）p.216
(10)　『加賀町警察署のあゆみ』p.221
(11)　田中健之『横浜中華街』中公新書ラクレ（2009）p.146
(12)　『加賀町警察署のあゆみ』p.232
(13)　『加賀町警察署のあゆみ』p.223
(14)　『加賀町警察署のあゆみ』p.233
(15)　林兼正・小田豊二『聞き書き　横濱中華街物語』集英社（2009）
　　　pp.76-77
(16)　『横浜・中区史』p.346
(17)　『聞き書き　横濱中華街物語』p.108
(18)　小田豊二『聞き書き　横濱物語』集英社（2003）pp.83-84
(19)　田中健之『横浜中華街』中公新書ラクレ（2009）pp.150-151
(20)　林兼正『なぜ，横浜中華街に人が集まるのか』祥伝社（2010）
　　　pp.66-67
(21)　『横浜港史　総集編』横浜市港湾局企画課（1989）p.609
(22)　菅原一孝『横浜中華街探検』講談社（1996）pp.153-154

コラム　　根岸外国人墓地

　横浜市内には現在，外国人墓地が4カ所ある。その中で最も有名な墓地が中区山手町にある山手外人墓地であり港の見える公園に隣接し観光名所ともなっている。他の3カ所は中国人墓地である地蔵王廟（中区大平町），英連邦戦没者墓地（保土ヶ谷区狩場町），根岸外国人墓地（中区仲尾台）であるが，あまり知られていない。その中でも同じ外人墓地という名称ながら根岸外国人墓地は山手外人墓地と比べて知名度は遥かに劣る。山手外人墓地と同じ区内にありながら，かつては荒れるにまかせたその姿はいかにもさびしいものであった。

　根岸外国人墓地が開設されたのは1902年とされているが実際には1880年だったらしい。山手外人墓地が手狭になったことなどが理由で神奈川県は国に根岸村中尾と呼ばれた地にあらたな外国人墓地の開設の申請を行ったが，実際に墓地として使用され始めたのが1902年で，22年間も放置されていた。山手外人墓地が上層階級の外国人が多く埋葬されているのに対して根岸外国人墓地は庶民が中心であったことが行政管理者側に軽んじられてきた理由とみられている。第二次大戦後，連合軍に接収されたこの墓地には米軍人と日本女性の間に生まれた混血の嬰児が多数埋葬されたという。横浜市衛生局は証拠がないとして否定しているが，当時の墓地の管理人や隣接する中学校の教員の証言によりその存在が確実なものとされ山手ライオンズクラブにより生後直後に埋葬されたGIベイビー達の慰霊碑が1999年に建てられた。

　この墓地は1967年に管理人が置かれるまで，管理人は存在せ

コラム　根岸外国人墓地

ず管理事務所もなかった。1967年以降も墓地管理の予算は衛生局から一切出なかった。草や木が生い茂り完全に放置された存在で，管理組合があり横浜観光の目玉として大切に扱われてきた山手外人墓地とは余りにも好対照であった。誰が管理しているのかわからない，まさしく不管地の墓地であり，接収地が点在する山手丘陵地に生じたアメリカと日本の間のあいまいな空間であった。現在は衛生局に管理されているが，国際的ゲートウェイであった横浜の光の部分だけでなく闇の歴史も検証して残していくことが求められている。

〔参考文献〕
●田村泰治『郷土横浜を拓く』史論集（1997）
●山崎洋子『天使はブルースを歌う』毎日新聞社（1999）

IX　横浜本牧の洋楽的アナーキー空間

　昭和20年代の横浜中華街の不管地性が，周囲をアメリカの接収地に囲まれていたことに大きく起因していたことは前述のとおりである。戦後の横浜は中華圏とアメリカ圏の接触地帯であり，アナーキー空間が形成されやすい場所として今後アジアに広く視野を広げていく際に重要な場所となりうる。戦後の映画，ドラマ，音楽が好んで横浜を舞台としたのも異文化の匂いのするアナーキー性があったからである。本章で取り上げるのは，戦後アジアで多大な影響力を持つようになったアメリカが基地文化を通して周辺に文化的アナーキー性をもたらした事例として，横浜本牧をとりあげたい。

1.　ゲートウェイ都市と外来文化

　古今東西，時代と地域の枠を超えて，内と外をつなぐ場所にはゲートウェイが形成されてきた。そこでは内外の様々な人，物，文化が出会い行き交い，受容，融合，拒否などが行われてきた。異民族，異文化が混合しアナーキーな空間が形成されやすいのはゲートウェイである。ゲートウェイは国，地域，都市など様々なレベルで存在する。本稿で取り上げる横浜は日本，関東，東京のゲートウェイとしての役割を果たしてきたが，元々は東京の外港として開港された。幕末の開港後，横浜は外来文化の受け入れ口となり，様々な物質的文化，制度的文化が上陸した。たとえば西洋医学，ガス灯，ホテル，ビール，食肉，牛乳，クリーニングなどである。そ

れらのなかには横浜スカーフ，クラシック家具，芝山漆器などのように横浜で開花し産業化したものも多い。

その一方で，横浜は東京の外港的ゲートウェイでもある。この外港的ゲートウェイは，後背地の都市に近接し，その都市の経済的文化的発展を促すために形成された。その港湾空間は物資の玄関口として可能な限り効率的に最優先して利用できることが期待される。その場合，港湾機能は直背後の横浜と一体化するというよりも，東京と一体化することを目的として建設され運営される。港湾から出入りするモノの最終目的地・消費地は，必ずしも直背後の横浜とはならず，横浜経済・文化の発展とは直結するとは限らず，横浜で開花するものばかりではなかった。[1] 2010年時点で横浜市の人口は約370万人に達する大都市にまで成長したが，その人口規模に匹敵するほどの横浜独自の経済，文化が育ったとはいえない面もある。

このような中で横浜で受容し全国的に発信できた外来文化の事例として，60年代のアメリカ文化，音楽を取り上げたい。ここで取り上げるザ・ゴールデンカップス（以後，カップスとする）は日本で最初の本格的洋楽バンドというのが当時から現在までに至る変わらない評価である。カップスは1966年，横浜本牧のライブハウス，ゴールデンカップで結成された。67年，メジャーデビューし「長い髪の少女」などのヒットを出した。デビュー時期は，グループサウンズ（GS）のブーム期であるが，歌謡アイドル風に商業化された多くのグループと異なり，私服でステージに立ち，洋楽，それもビートルズやローリングストーンズではなく，当時アメリカでタイムリーでヒットしていたリズムアンドブルース（R&B）の新曲を演奏し，60年代の欧米のポップス，R&Bをいち早く日本に紹介した。

このような外来音楽の受容と港町との関係については，近年では，ビートルズとリヴァプール，ハンブルグ，ロンドン，東京との関係を取り上げた福屋利信の研究がある。[2] 横浜については，終戦後から1950年代にかけて横浜の「オフリミット」であった米軍施設に出入りしていたミュージシャンが戦後の日本のジャズ，ポピュラー，歌謡曲の発展に大きな役割を果たしたとする東谷護の研究がある。[3] しかし60年代の洋楽の日本での受容と都市との関係についてはまだ未解明な点が多く，都市のどのような特性が音楽グループに影響を与えたのかという基本的関心に依拠しつつ，受容，伝播の実態と横浜との関係をみたい。

2. メンバーの洋楽受容と横浜

　カップスのメンバーが育った戦後の横浜はどのような特徴があったのか。戦後の横浜の出発は進駐軍による接収から始まった。進駐軍の中心であるアメリカ軍により横浜港を中心とする横浜の中心部は殆ど接収され，軍施設や軍人用の住宅地に作り替えられた。それらの接収地にはフェンスや日本人立入禁止の看板が立てられたことから，それらはオフリミットとよばれた。オフリミットの中には，米軍の将兵，軍属，及びその家族のための生活上の様々なサービス施設が造られた。それらのサービス施設の中の娯楽施設として進駐軍用のクラブがあった。クラブには，各部隊が直轄したものの他に日本人経営のキャバレーやダンスホールがあった。オフリミットとはいえ，クラブの演奏者や従業員としては日本人は働けたし，進駐軍将兵と一緒なら一般の日本人も入れた。この演奏者や歌手

たちは基本的にはアメリカの将兵，軍属，その家族に受け入られるような音楽をやらなければならなかったから，終戦直後としては当然，ジャズ，ポピュラー，映画音楽などを演らなければいけなかった。この中から，その後の日本のジャズ，ポップス，歌謡曲の演奏者，楽団，歌手のかなりの部分が，これらのクラブでの活動を行った経験がある。

図59　ザ・ゴールデンカップスメンバー（右よりケネス伊東，デイブ平尾，エディ潘，ミッキー吉野，マヌーマモル，ルイズルイス加部）

　戦前から横浜ではジャズなどの受容は始まっていたが，戦雲たなびく中でジャズなどの洋楽は禁止され衰退した。日本の本格的な洋楽受容の第一段階は1940年代の後半から1950年代にかけての進駐軍クラブから始まっている。これらのクラブは全国にあったが，なかでも全国でも接収地の割合が高かった横浜にクラブは集中していた。ゴールデンカップスのメンバーが幼少期を過ごした横浜は，これらの洋楽の受容と伝播の中心地であった。メンバーの親の世代から洋楽は親しまれていた。

　1951年のサンフランシスコ平和条約により日本の独立が認められさらに1953年の朝鮮戦争の休戦前後から，次第に接収の解除が始まり，クラブの数も減少しはじめたが，本牧や根岸の広大な米軍住宅があった横浜では主要なクラブは残った。1964年頃からベトナム戦争へのアメリカ参入が本格化し，日本は補給・休養基地となり横浜には休暇で訪れる米兵が増え始めた。

ここでカップスのメンバー（図59）が横浜，本牧の街と音楽にどのように関わったのかについてみよう。[5]

(1) デイブ平尾（ボーカル，リーダー）

　1944年，横浜生まれ。実家は新山下で「シップスランドリー」という外国船専門の大きなクリーニング店であった。「シップスランドリー」は店名であるが，本来は船専門のクリーニング業の業種名である。昔の船は航海に出ると水の使用が制限されるため洗濯は寄港した港で行われた。そのような船，特に長期航海の外国船は大量の洗濯衣類が出るので，外国船の寄港する港町にはシップスクリーニングという外国船専門のクリーニング業が発達した。

　デイブ平尾の実家のクリーニング店もこの業種の店で，父親の平尾城市が昭和4（1929）年，中華街にあったシップスランドリーを買い取って開業した。昭和15（1940）年にはシップスランドリーの業者は25店舗あり，日本郵船のほか，外国船から出る大量の洗濯物を引き受けた。戦争中は海軍の艦船，戦後はしばらく米軍の仕事が中心となった。[6]移転した新山下の店には多くの外国人船員が日常的に訪れるため，デイブ平尾は幼い頃より外国人には慣れていた。九人兄弟の八番目で何不自由なく育ち，洋楽好きの姉の影響を受け，大学時代からいくつものバンドを組んだ。ロックの本場のアメリカに豪華客船に乗り，約4か月間西海岸地域のライブをみてまわった。個人での海外旅行がまだ高価な時代に，親がかりでの旅行をさせてもらえるほど裕福な家庭環境にあった。アメリカでのライブ体験が帰国して本格的なバンド結成へのきっかけとなった。

(2) ケネス伊東　（サイドギター，ボーカル）

　ケネス伊東は1946年ハワイ生まれで，父親はアメリカ軍属の日系アメリカ人で，バンドのメンバーでは唯一のアメリカ国籍であった。11歳のとき極東地区のP.X.の責任者を務める父親とともに来日し山下公園の将校用の住宅に住んだ。フェンスの中では，アメリカの若者と同じ文化を享受していた。アメリカ軍の将兵や軍属の子供が通っていたヨーハイ（YOKOHAMA HI SCHOOL）でバンドを組み，ベース（米軍基地）やダンスパーティで演奏をはじめ，横浜中で知られるバンドとなった。このヨーハイやセントジョセフハイスクールなどのインターナショナルスクールで組まれた多くのバンドが洋楽を横浜に紹介する大きな媒体となっていた。なかでもアメリカから最新のレコードが軍の飛行機で毎週空輸され本土から1週間遅れで手に入れることが出来たヨーハイの学生たちは殆どアメリカ本土と変わらぬ音楽環境にあった。それらのレコードは日本では発売されないものが多く発売されても数か月遅れが常態であった。

　ヨーハイの関連施設にティーンエイジクラブがあった。そこで週末に開かれるダンスパーティで人気があったのは踊りやすいR&Bで，R&Bがうまいバンドが呼ばれた。ケネス伊東のバンドはR&Bがうまい最も人気のあるバンドであった。ヨーハイで開かれるダンスパーティを最先端の音楽，踊りの頂点として，その他のインターナショナルスクールで開かれるダンスパーティに呼ばれる横浜の若者たちがアメリカの最新の音楽と出会いアメリカ人たちと一緒に踊るようになった。ディスコやクラブがない時代，若者が最新の洋楽で踊れるのはダンスパーティしかなかった。そこで演奏するバンドに日本人も参加するようになった。ケネス伊東はメンバーの中で最

も欧米の音楽に通じており，他のメンバーへの洋楽の伝達者の役
割を担った。

(3) エディ潘（リードギター，ボーカル）

エディ潘は1947年に横浜に生まれた。本名は潘広源で，洗礼
名のエドワードがのちの芸名のエディとなった。両親は広東省出
身で中華街で鴻昌という中華料理店を営んでいた。一人息子で何
不自由なく育てられ，学校は中華学校からインターナショナルス
クールのセントジョセフへ通った。前述のようなダンスパーティでアメ
リカの最新の音楽やダンスに親しんだ。高価なエレキギターも買っ
てもらえる裕福な家庭環境であった。

彼が生まれ育った当時の中華街は港町横浜の歓楽街で船員，
米兵相手の外人バーが多く，それらの店は船が何時に横浜港に
ついても対応できるよう24時間営業であった。外人バーからは外
国の流行曲を奏でるジュークボックスの音が昼も夜も聞こえていた。
さらに生家の鴻昌の隣はアメリカ軍の将校のためのクラブであった。
隣の店から聞こえるジャズやカントリーの生演奏を子供のときから
聴きながら成長した。これらの家庭，学校環境のなかで，彼はごく
自然に洋楽に親しみ，はまり込んでいった。

ここで無視できないのが幼少の頃からエディ潘の洋楽受容に大
きな影響を与えた中華街にあった外人バー，クラブである。終戦
後の横浜の復興の中で中華街には船員用の外人バー，クラブが増
えた。特に朝鮮戦争，ベトナム戦争の頃には帰休で横浜に来た米
兵でそれらは溢れかえった。外人バーには必ずジュークボックスが
あり，78回転または45回転の本場の最新のレコードがかかり周囲

に洋楽を流した。時代によって，また将校用か一般兵士用かにより
ジャズ，ポピュラー，カントリー＆ウエスタン，R&B，ロックンロールな
どが昼夜をわかたず流された。またクラブには生バンドが入り多く
の日本人も歌手として，あるいは演奏者として活動した。米軍キャ
ンプやその周辺にあるクラブ，インターナショナルスクールのダンス
パーティなどと同様，中華街も洋楽，ダンスを横浜に伝播させる大
きな役割を果たした。

エディ潘はこのような環境の中，デイブ平尾と同様，親の援助で
客船で本場のアメリカの音楽を聴きに行っており，恵まれた家庭環
境でもあった。

(4) ルイズルイス加部（ベースギター）

ルイズルイス加部は1947年生まれで本名は加部正義。母親は
本牧のチャブ屋で働いていた。そこでフランス系アメリカ人と知り
合い息子を生んだ。加部が芸名としたルイズルイスは父親の名前
である。母親が働いていたチャブ屋は戦前から本牧を中心として
横浜にあった娼館である。本牧では海岸近くにあったが，米軍住
宅地に接収されたため北側に移転した。多くのチャブ屋は1階が
飲み屋兼ダンスホールになっており2階が仕事部屋になっていた。
チャブ屋には戦前，戦後を通して多くの外国人が出入りした。

母親は加部が小学生になるころまでチャブ屋で働き，そのあと本
牧に喫茶店を出した。洋楽が好きでジーンヴィンセントなどを好ん
で聞いていた。その影響を加部は受けたが，加部は祖母と暮らし
祖母に育てられた。中学生の頃からベンチャーズに影響を受け学
校でエレキバンドを組み頭角を現し，TV の「勝ち抜きエレキ合戦」

図60　米軍住宅地 AREA2のPXや映画館（横浜写真アーカイブ協議会運営事務局提供）

に出演したときの演奏を見たケネス伊東から彼のバンドに誘われ米軍キャンプやダンスパーティをまわった。米軍居住区にあったケネスの家で様々なレコードを聴かせてもらいコード進行、様々な音楽機材などを学んだ。加部はケネスのバンドに加入後、R&Bを中心としたアメリカの最新の音楽にのめり込み、また急速に腕をあげていく。このようにフェンスの中のアメリカ人とフェンスの外の日本人が一緒のバンドを組み交流することは当時の横浜では普通にみられた。

(5) マモルマヌー（ドラムス）

　生まれは山口県だが生後すぐ横浜に移った。母親の姉がハワイ出身の軍関係者と結婚しその姓のマヌーを芸名とした。その叔母が米軍住宅に住んでおり、その家によく遊びに行き、従妹たちと最新の洋楽を聴いたりP.X.で日本では発売されていない洋楽のレコードを買ってもらったりしていた。その関係で小学校の頃からアメリカ人の友達が多く、洋楽を聴いて育った。図60は本牧の米軍住宅地域のP.X.や映画館である。一般の日本人は無論、オフリミットである。一方では遊び人で、横浜のおしゃれな不良少年たちのグループであるナポレオン党には中学生の頃から参加していた。またその頃からデイブ平尾の子分的な存在で、デイブ平尾からドラムをやるように言われて、親から高価なドラムセットを買ってもらった。

やはり恵まれた家庭環境にあった。

　以上が，デイブ平尾が集めた前期のメンバーである。最初のメンバー交代はケネス伊東であった。アメリカ国籍であったケネスは未成年の時は父親の扶養家族として任地にいれたが，成人後は新たにビザを取らないと日本滞在資格を失うことになり一旦，ハワイに帰国したが，日本での就労ビザの取得が当時は困難で，観光ビザでしか来れずバンドで演奏することが難しくなった。このケネスの代わりに加入したのが，ミッキー吉野である。1951年，横浜磯子で生まれた。中学生の頃から，彼以外はアメリカ人のバンドに加入し米軍キャンプや米軍専用のクラブをまわっていた。音楽的才能にすぐれ高校生の頃にはキーボード奏者としての高い評価を受けていた。

　各メンバーの家庭環境からは「シップスランドリー」，「中華街」，「洋楽好きな親」，船員用の「外人バー」，「チャブ屋」などのように海外とのゲートウェイだった横浜港の特徴を示すキーワードが出てくる他に，「豪華客船でのアメリカ渡航」，「高価な楽器の購入」など裕福な家庭環境に関するキーワードも出てくる。また交友，音楽環境からは「米軍住宅」「米軍キャンプ」「ヨーハイ」「セントジョセフスクール」「ダンスパーティ」など，駐留米軍の子弟との交流に関するキーワードが頻出する。戦前から繁栄した港町の要素に加え，米軍―海軍住宅が置かれたことが60年代洋楽のアメリカからの伝播の大きな要因であった。

　最後に横浜，東京をはじめ戦後の日本に洋楽を伝播させるのに役立ったメディアとしてFEN 即ち FAR EAST NETWORK（極東放送網）を取り上げたい。現在はAFNとなっている米軍基地による放送

局である。FEN の時代はラジオ局であったが，終戦前に沖縄，戦後は東京をはじめ全国の米軍基地に設けられた基地関係者とその家族向けの放送局である。当時の最新のヒット曲やロック，R&B，カントリー，ジャズなどを流していた。

　しかしアメリカ本場のロック，R&B，カントリー，ジャズを直接受け入れる感性，好みはまだ日本のリスナーには少なく，カップスが受容し広めたことが契機となってやっとなじみやすくなったともみなされる。横浜でもFEN を聞く若者はまだ少なかった。[7] また，そこで気に入った曲があっても日本のレコード屋には置いてないものや日本では発売されていないものが多かった。基地関係者と交流があった者だけがレコードを手に入れることができた。その意味で米軍基地の中でも家族で暮らす幹部クラスの将兵の多かった横浜ではその子弟との交流を通じて，海外の音楽やファッションの情報を東京よりずっと早く直接手に入れることができる場所であった。カップスのメンバーは特にその条件に恵まれていた。

3．本牧の地域性

　カップスが60年代半ばに活動した本牧はどのような場所であったのか。幕末に開港して横浜町になった横浜村と同様，本牧も本来は半農半漁の貧しい村だった。横浜が東京の外港として急速に発展し，海外貿易に携わる欧米人が洋館を建てた山手の丘の向こう側に本牧はあった。この山手の丘の本牧側の麓の北方の妙香寺は「吹奏楽」と「君が代」発祥の地と伝えられている。薩英戦争時，イギリス軍の軍楽隊の演奏に刺激を受けた薩摩藩が横浜に

IX 横浜本牧の洋楽的アナーキー空間

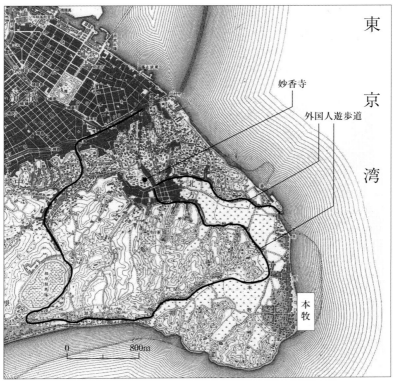

図61　1906年頃の本牧（『地図で見る横浜の変遷』財団法人日本地図センター（1996）所収の1906年頃の横浜図を改変）

「薩摩藩洋楽伝習生」32名を派遣しイギリス軍の駐留地に近い妙香寺でイギリス軍のフェントン軍楽長から吹奏楽の指導を受けたことで，日本における吹奏楽発祥の地とされている。このフェントンはここで「君が代」の原曲にあたる曲を作曲した。

　山手の丘陵地帯から本牧の海岸付近は風光明美であったため，元治元（1864）年に「外国人遊歩道」が設けられ，外国人にとっ

ては，横浜の近郊にある保養地的存在であった。図61は1906年頃の山手から本牧にかけての一帯の図であるが，「外国人遊歩道」が主要な道となり外国人居留地，山手から田園，丘陵地帯を廻っており，北方にやや住居が密集しているほかは本牧に砂浜に沿った集落が存在するだけで，全体的に豊かな自然が残った地域であった。「外国人遊歩道」沿いには外国人向けの茶屋も出来はじめた。この頃から本牧の人々にとって外国人は見慣れた存在であった。本牧生まれの野村弘洋氏は「祖母はよく，英語だけは勉強しなさいと言ってましたね。横浜の街，特に本牧に育つと外国人にはまったく違和感がないんです。」と証言する。(8) 保養地となった本牧には外国人の別荘，洋館が建つようになった。昭和の初め頃，海岸には日本人が入れないように板囲いされたビーチがあり，外国人専用の赤い屋根のサマーハウスが十軒ほどあったという。戦後の「フェンスの向こうのアメリカ」が既に存在していたともいえる。このような場所だけがあったわけでなく，日本家屋を夏だけ借りる外国人も多かった。

明治44（1911）年，横浜電気鉄道（のちの横浜市電）の山手のトンネル開通で，本牧は横浜の中心部と直結した。大正8年（1919）年には横浜市が本牧に児童海水浴場，大正10（1921）年には市営海水浴場が開設され，本牧の海岸は一気に市民のものになった。昭和3（1928）年には山手トンネルが開通し幅二十二〜二十五メートルの幹線道路が整備され，それまで市電を利用する以外には山手の丘陵越えを強いられ物価高に悩んでいた本牧は，横浜の中心部とのバス路線や物流路線が形成され便利となり開発も本格化した。図62は1921年頃であるが，路面電車の通る本牧通りの両

IX　横浜本牧の洋楽的アナーキー空間

図62　1921年頃の本牧（図61の文献所収の1921年頃の横浜図を改変）

側の平地は市街化が進んでいる。海岸には海水浴場が設けられ，横浜市民にとっても保養地的存在になっていた。

　戦前の本牧を語る上でもう一つ落とせないのがチャブ屋である。もともとは外国人用に営業するダンスホールであったが，外国船の

225

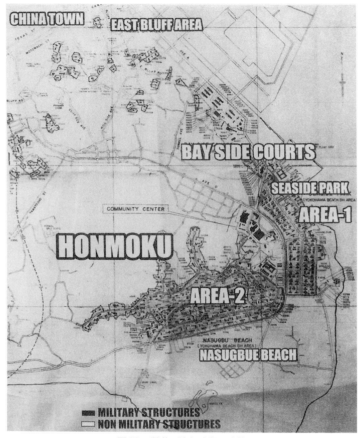

図63 戦後，接収時期の本牧

船乗りたちで賑わった。本牧に一時住んだ谷崎潤一郎や大佛次郎らもよく利用した。ただこれらのチャブ屋が集まっていた場所は本牧の海岸近くのせまい一角で，大正12（1923）年の関東大震災のあとに東京の郊外が住宅地となったように，本牧も住宅開発，都市

化が進展した。それでも風光明媚な砂浜は海水浴客で賑わい,漁船がぎっしり並んでいた。

戦後の本牧は接収により戦前と大きく変わった。本牧の接収地にはBAYSIDE COURTという総称で,AREA1,AREA2という米軍住宅地が登場した。ここにAREA1,AREA2ができたのは,BAYSIDE COURTという総称からわかるように,本牧には風光明媚な海岸と眺望に優れた丘陵があり,明治以来,外国人にとっての保養地となっていたからである。アメリカ式地名としてSEASIDE PARKとしたところにAREA1,NASUGBUE BEACHとしたところにAREA2の芝生の広い敷地を持った住宅地が形成された(図63)。そこにいた住民たちは周辺に移転させられ,本牧は日本式木造家屋が密集することとなった。フェンスの内と外では豊かさと貧しさが戦勝国と敗戦国の格差となって表れていた。高いフェンスにの向こうには米軍住宅をはじめとする「豊かなアメリカ」が存在した(図64)。本牧通りには米軍将兵やその家族専用のバスが走った(図65)。

図64　米軍住宅

1950年代に入り,横浜港やその周辺の接収地が次々と返還されはじめた。米軍将兵用のクラブや娯楽施設も一時に較べると減少した。そのなかで山下町の収容人数が千人を超える大規模なゼブラクラブやシーメンズクラブ,中華街のチャイナクラブなどが将兵用に残った。この頃になると,本牧や根岸の米軍住宅地区の周辺に民間のクラブが出来はじめた。本牧には前述のように本牧の

図65 フェンスと米軍用バス

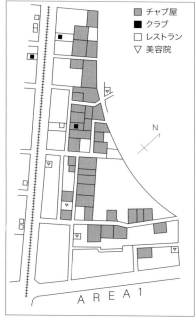

図66 昭和31年（1956年）の本牧1丁目付近（『中区明細地図』昭和31年版より作成）

AREA1に隣接する小湊3丁目から本牧2丁目、1丁目の本牧通りの北側一帯に戦後からチャブ屋があった。AREA1の海岸近くにあったものが接収により、この付近に移転したものや新たに開業したものが集まっていた（図66）。最盛期には42軒、約600人の女性が働き、「酒場」さんと呼ばれるママが店をきりもりし、周辺の美容院、レストラン、そば屋、酒屋、洋品店などの業種も、このために大いに潤ったという[9]。これらの店には米軍将兵をはじめ、朝鮮戦争の頃には、イギリス、フランス、オーストラリア、フィリピン、エチオピアなど連合国の将兵で賑わった。

図67でもわかるように、これらの店が集まった風景はアメリカの歓楽街の風景であった。経営者は本牧以外のよそ者が多かった。米軍将兵用に栄えてきたチャブ屋は1958年の売春

228

IX 横浜本牧の洋楽的アナーキー空間

防止法の完全施行によりその幕を閉じた。それらの店は普通の旅館、ホテル、アパート、スナックなどに変わったが（図68）、明治以来の伝統的コミュニティがあった本牧はAREA1,2の登場により大きく南北に分断されコミュニティが分断され、よそ者が米軍将兵向けの店を開業しやすい土地に変わっていた。ダンスホールでもあったチャブ屋が集中していた地域に、形を変えたダンスホールがあらわれることになるのである。

イタリア系アメリカ人だった船員が日本人女性と結婚し1958年に本牧にレストランのイタリアンガーデンをオープンさせた、3年後の1961年に本牧の米軍住宅地の隣にリキシャルーム

図67 本牧1丁目のチャブ屋

図68 昭和45（1970）年の本牧1丁目付近（『中区明細地図』昭和45年版より作成）

をオープンさせた。中華街には相変わらず外人バーが多かったが、アメリカ文化をおしゃれに味わう場所としては次第に本牧が台頭し

229

図69　ゴールデンカップ前景

てきた。ただ利用者の中心はアメリカ人が多く日本人はまだ少なかった。一方，本牧で1964年に一人の日本人が米軍将兵用にゴールデンカップという踊れるクラブを開店させた。夜になると図69のように本牧通りに派手なネオンサインで人目を引いていた。

　本牧通りには，米軍退役将校用のクラブであるV.F.W.や米軍将兵向けのイタリアンガーデン，リキシャルーム，ゴールデンカップのようなレストラン，クラブが点々と存在していた（図68）。ゴールデンカップは当初は米兵相手にジュークボックスで音楽を聴かせる店だったが，1966年の末，デイブ平尾が横浜の複数のバンドからうまいメンバー（前述）を引き抜いて作った「グループ＆アイ」（メジャーデビュー後にゴールデンカップスと改名）が最新のアメリカ音楽の生演奏をするようになってから急激に米兵の客が増えた。図70はゴールデンカップ店内での「グループ＆アイ」（カップスの前身）のメンバーである。折からベトナム戦争への参戦拡大の時期で，休暇で横須賀，福生，立川に立ち寄った米兵たちはバスで横浜に運ばれ，ゼブラクラブや中華街の外人バーで遊んだあと本牧に押し寄せた。グループ＆アイの評判は東京にも及び，東京から洋楽ファンや芸能人，ミュージシャン，音楽業界関係者がゴールデンカップに集まった。ゴールデンカップの成功は，本牧を60年代アメリカ文化の受容，発信地にした。明治以来，外国人に愛されてきた本牧は，また新

IX　横浜本牧の洋楽的アナーキー空間

図70　ゴールデンカップ内のカップスメンバー

たな欧米文化を受け入れ開花させた。

　当時の本牧について、カップスのメンバーだったエディ潘は

　「60年代のヒップな場所といえば、本牧だったんだ。音楽に限らずファッションなんかでも、本牧という言葉の響きは人を惹きつけ、本牧に行けば何かある、という夢を抱かせてくれる場所なんだ。麦田のトンネルを越せば、ガラッと風景が変わってアメリカになり、コカコーラが飲めてハンバーガーが食べられる、そんな感覚。」[10]

とあるように中華街方面から山手丘陵の下をくぐる麦田のトンネルを抜けると、そこはアメリカ色の濃い風景が横たわるという異世界だった。特に前述のようにAREA1に隣接する小湊3丁目から本牧2丁目、1丁目の本牧通りの北側一帯がチャブ屋の時代から「アメリカ租界のような場所」であった。飲食、ファッション、音楽、建物にアメリカが溢れていた。そこに集う人々は日本人、米兵、その他の外国人ともに本牧が日本だとは認識していない、しかし100％アメリカであるというわけではない、それらが入り混じったフュージョ

231

ン空間だと認識していた。おしゃれではあるが決して清潔で安全な空間ではない。溢れていたのはアメリカ文化だけでなく銃器も溢れていた。機関銃まであったという。米兵が絡んだ発砲事件が多発していた。[11] AREA1に接して山手警察署があったが，米兵の取締りはMPに任せるしかなく，本牧のAREA1，2に接する一帯はアメリカ的アナーキー空間であった。

4．本牧のアナーキー性の弱体化

(1) 洋楽の東京伝播

　カップスがメジャーデビュー後，活動したのは本牧，横浜ではなく東京のジャズ喫茶であった。ジャズ喫茶とは名前の通り，本来はジャズのレコードを聴かせる喫茶店で戦前からあり，やはり横浜が最初であった。戦後，次第に都市部を中心に広がっていった。そのなかで，音楽ライブを行う店が出てきた。特にロカビリーが流行した1960年代初めに，いくつかのジャズ喫茶はライブの主要会場となった。60年代半ばから出てきたグループサウンズもその主たるライブ会場はジャズ喫茶だった。グループサウンズの一グループとして売り出されたカップスもジャズ喫茶が活動の中心となった。そのほとんどが池袋，新宿，銀座のジャズ喫茶であり，第三京浜を殆ど毎日往復することになった。次の表は1967年から1971年の間，彼らが主に出演したジャズ喫茶のライブ回数である。[12]

　彼らが主たる活動の中心したジャズ喫茶は新宿，池袋，銀座にあった。ここでどのような曲を歌い，演奏したのか。1969年1月3日夜，銀座ACBでの曲は，1．アウトサイドウーマンブルー

表3　ジャズ喫茶出演回数

	新宿ラセーヌ	新宿ACB	池袋ドラム	池袋ACB	銀座ACB	日比谷ヤングメイツ	合計
1967	21	30	32		31		114
1968	3	51	53		25		132
1969		38	26		49	24	137
1970		55			59	41	155
1971		57		18	34		109
合計	24	231	111	18	164	65	647

ス　2．ウオーキンブルース　3．メアリーメアリー　4．絶望の人生　5．ゲットアウトオブマイライフウーマンである。本牧のゴールデンカップで米兵相手に演奏したころと変わらないブルース，R&Bであり，一般の客にはおよそ馴染みがない曲ばかりであった。彼ら自身，他のグループサウンズと同じ歌謡ポップス路線で最大のヒット曲となった「長い髪の少女」や「愛する君に」などをリリースしていたが，それらの曲は一切やらなかったところが，当時のジャズ喫茶に出演していた他のグループとは全く異なっていた。ライブを聴きに来るのはブルース，R&Bが好きなかなりコアな男性客ばかりであった。他には歌謡ポップス路線で有名になっていた他のグループや音楽業界関係者，評論家たちが熱心に聴きに来た。

　楽屋はカップスのメンバーと業界関係者の情報交換の場所であった。というよりレコード会社，音楽雑誌，ミュージシャンたちがカップスのメンバーから欧米の最新ヒットナンバーやアメリカのブルース，R&Bなどの情報，演奏方法，歌詞などを聞きに来る場所であった。当時，代表的な洋楽誌『ミュージックライフ』の編集長であ

った水上はるこも，ジャズ喫茶の楽屋でのカップスとの交流から欧米のバンドの名前や曲を知り，レコード会社ですでに廃盤になっていたのを再発するようしたりした。[13]

　ジャズ喫茶が主として東京の来店者に洋楽を伝播する役割を果たしたとすると，関東及び全国に洋楽を伝播させる役割を果たしたのがテレビである。カップスがよく出演したのが1966年から1971年にかけて月曜から金曜までは東京放送（TBS），土曜日は朝日放送（ABC）が制作した「ヤング720」である。音楽を中心に最新のファッション，映画などの話題，流行を積極的に取り上げ，若者に絶大な人気があった。カップスは1967年7月28日に初出演して以後「ヤング720」に度々出演した。他の音楽グループが当時流行のグループサウンズであり，歌謡曲っぽいアイドルソングをやっていたのに対して，カップスはR&Bを中心とした洋楽中心であり異彩を放っていた。「ヤング720」への出演回数は，66年12月にメジャーデビュー後12月に1回，67年中に6回，68年に22回，69年に21回，70年に10回と準レギュラー並みの出演をしている。「ヤング720」はTBS系列のネット局を通して全国に放送された。他のグループとは一線を画したその路線は全国の視聴者に強烈な印象を与えた。

　関東ローカルで放送されカップスがレギュラーとして出演したのが東京12chの「R&B天国」であった。1968年5月5日から1968年12月29日までの期間続いたこの放送では毎週レギュラー出演し，番組のタイトル通りR&Bを中心に演奏し日本初の本格的洋楽バンドとしての評価を高めた。

　特徴的なことは，カップスはメジャーデビュー後，本牧のゴールデンカップをはじめとする横浜のクラブでは殆ど演奏しなかったこ

とである。彼らは毎日のように居住地の横浜から東京のジャズ喫茶やテレビ局へ仕事に行き，終わると東京から横浜へ帰った。洋楽受容の象徴的バンドが活動を本牧から東京へ移したことにより，本牧の洋楽の中心性に陰りがみえるようになった。

(2) 東京圏への吸収とゲートウェイ機能の衰退

　第三京浜は，東京都世田谷区から横浜市保土ヶ谷区に至る16.6kmの自動車専用有料道路で1965年に全線開通した。日本で初めての6車線（片側3車線）の自動車専用有料道路であった。のちに首都高が横浜方面に延長されたが，それを利用するよりも時間的に早く，料金的にも安いため，現在でも東京から横浜に行くときには第三京浜がよく利用される。

　当時，横浜の洋楽を聴きに東京から行く若者たちは第三京浜を車でとばしていくのが常態であった。最高速度は80キロ制限であったが，100キロ近くを出すのが当たり前であった。音楽，ファッションをはじめとする横浜の最新の文化を知るために東京から多くの若者が第三京浜を利用した。カップスはメジャーデビュー後，毎日のように東京のジャズ喫茶に出演したが，その往復は第三京浜だった。第三京浜は横浜の音楽，ファッションを中心とする最新の文化が横浜から東京に伝播するルートだった。

　1968年には首都高の羽田 - 東神奈川間が開通し，羽田空港や銀座方面から横浜へのアクセスが便利となった。このような東京—横浜間のアクセスの拡充は，横浜にある変化をもたらすようになった。それは横浜のベッドタウン化である。鉄道では1964年に新幹線開通時に新横浜駅が設置され，付近の住宅開発が始まった。

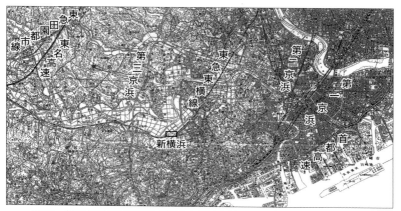

図71　横浜北部の交通路線（図61と同じ文献の1971年頃の横浜図を改変）

1968年には東急田園都市線の武蔵溝ノ口―つくし野間が開通し，横浜の北部が完全に東京の通勤圏内に入り，団地の造成が盛んとなった。図71は1971年頃の横浜北部の鉄道，主要道路の状況である。主要な交通路は，横浜を横断するように南西から北東方面に延びている。これらの交通路に沿う形で，沿線の住宅開発が進展した。

　図72は1955年から2010年までの昼間人口，夜間人口，昼夜間人口比率の推移である。1955年から次第に昼夜間人口比率が下がりはじめた。カップスが活動した1960年代後半は91％前後まで下がった。これは横浜が次第に東京のベッドタウン化したことを意味している。そしてカップスのメンバーもメジャーデビュー後は，一般のサラリーマン，労働者と同様，東京に「通勤」していた。音楽，芸能業界の東京への一極集中は，横浜で受容され開花した欧米の洋楽文化も最終的には吸収した。カップスが受容した洋楽文化

236

IX　横浜本牧の洋楽的アナーキー空間

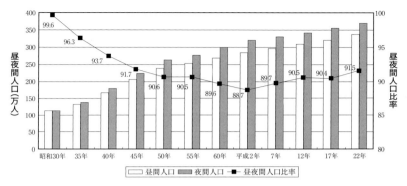

図72　横浜の昼夜間人口，昼夜間人口比率の変化
(『横浜市記者発表資料』2012年8月29日版より転載)

は，東京へ伝播し吸収され音楽産業として発展した。無論，全てが吸収されたのではなく本牧を中心として60年代の洋楽を愛する文化が横浜には残ったが，時代は大きく変わろうとしていた。

　同じころ横浜のゲートウェイ機能に変化がおこった。海外との渡航は客船から航空機へ変わり，羽田空港がゲートウェイになった。また貨物もコンテナ化が進み，横浜本港から本牧埠頭のコンテナ船が主役となった。コンテナ化は横浜港の荷役業者，労働者のリストラを進め，港湾と港町の分離を促進した。横浜の外港的ゲートウェイ機能が低下していくなかで，アメリカのベトナム戦争からの全面撤退が始まり，本牧に米兵がたむろする風景は少なくなっていった。そして1982年にAREA1, AREA2は日本側に返還された。

　一方，カップスをめぐる音楽環境にも大きな変化が生じていた。70年代に入ると，カップスがコピーしていたバンドが欧米から日本に直接，来日しコンサートを行うようになっていた。また，日本語でロックの楽曲を作り演奏するグループが出始め，英語で歌うことが

時代遅れとみなされるようになってきた。また踊れる場所としてディスコが登場した。ディスコでは生バンドの演奏からレコードを次々にかけるスタイルに変わっていった。さらに生ギターで歌うフォークが流行し始め、カップスは演奏する場所が次第に減少し、1972年1月沖縄での演奏を最後に解散した。

▌結びに

　カップスは戦後の横浜の米軍基地、米軍住宅、ヨーハイ、米軍将兵用のクラブにアメリカ本土から直接もたらされた最新のポップス、R&B、ブルースなど受容し、ベトナム戦争の帰休兵を相手に人気を博していた。その本格的な演奏、歌は米兵たちを熱狂させていた。噂は横浜だけでなく東京まで広がり、音楽好きな若者が車に乗り第三京浜などをとばして横浜に押しかけた。押しかけたのはファンだけでなくミュージシャン、音楽業界関係者までが彼らの演奏を見に来た。1960年代、中華街周辺だけでなく新たにアメリカ文化の受容地となった本牧では、ゴールデンカップをはじめ、アメリカ文化を売り物にした店が増えた。明治以来、海外に開かれた港町横浜の外国人に保養地として愛された本牧は、保養地なるが故に米軍住宅地として選ばれ、60年代欧米の音楽を受容し、発信する中心となった。本牧のAREA1,2がアメリカ海軍の士官、下士官、軍属の家族用住居であったことも大きく、その子弟との長い交流がカップスメンバーに洋楽受容のきっかけとなった。

　本牧の中でもAREA1,2に面する一帯は戦後、チャブ屋が集まり英語名の店名や派手なネオンサインによりアジアの米軍基地周辺

に共通してみられるアメリカ的風景が形成されていた。チャブ屋の
あとに形成されたのは米軍住宅地居住の米軍関係者やベトナム戦
争で前線に送られる米兵を相手とするレストラン，バー，ダンスホー
ル，ライブハウスなどが続々と開店し，中華街方面から山手丘陵の
麦田トンネルを抜けるとそこには「リトルアメリカ」の風景が広がっ
ていた。そこでカップスなどのバンドが洋楽の直接的な受容者とな
り，国内に広めていく媒介者となった。異文化との接触地帯で混
沌としたエネルギーに満ち溢れており，米兵同士や日本人を巻き
込んだ喧嘩も多く発砲事件も珍しくないアナーキーな空間であった。
　しかしそのアナーキー性は次第に弱体化した。メジャーデビュー
したカップスは，東京のジャズ喫茶が活動場所となり，そこでR&B,
ブルースなどを演奏し，音楽ファンや音楽業界関係者に伝播した。
毎日のように横浜から東京に「通勤する」彼らの動きは，横浜が
東京のベッドタウン化する動きと連動していた。東京港のコンテナ
港化が進み人の移動が航空機となるにしたがって横浜港の人を媒
介としたゲートウェイ機能が弱まり，ベトナム戦争が終わり米軍住宅
地が返還される中で，本牧のアナーキー性は衰退した。
　東京の外港的ゲートウェイだった横浜は，受容した生のアメリカ
文化を最終的には東京に伝播，受容され，そこで日本で広く受け
入れられる形に変容され，メジャー化，産業化された。カップスが
受容した生の洋楽は，解散後のメンバーが東京において結成した
ゴダイゴ，ジョニー・ルイス＆チャー，柳ジョージとレイニーウッド
などでアレンジされ継承された。しかし本牧には現在でもゴールデ
ンカップ，I.G.（イタリアンガーデン）などが営業を続け，横山剣＆クレ
イジーバンド，CHIBOなど，60年代の生の洋楽を引き継ぐバンドや

文化が残っている。横山剣はそれを「本牧音」と表現しているが,[14]最初の受容場所――ゲートウエイ――に残る外来文化の残滓なのかもしれない。

　　本稿作成にあたり,AN）アルタミラピクチャーズ,横浜写真アーカイブ協議会,Daddy'press より写真,図の提供,引用許可をいただきありがとうございました。

【注】

(1) 山上徹『現代港湾の異文化の賑わい』成山堂書店（2004）pp.182-183

(2) 福屋利信『ビートルズ都市論――リヴァプール,ハンブルグ,ロンドン,東京』幻冬舎新書（2010）

(3) 東谷護「横浜の音楽文化――占領期・戦後復興期を中心に」『郷土神奈川』45（2007）

(4) 前掲3

(5) メンバーの家庭,音楽環境については,San Ma Meng『ザ・ゴールデンカップス――ワンモアタイム』小学館（2004）,和久井光司『ザ・ゴールデンカップスのすべて』河出書房新社（2005）を参照。

(6) 平尾城市長寿子供の会『忘れのこり昔ばなし』横浜シップスランドリー（1987）pp.38-55

(7) ルイズルイス加部『気ままに生きる』オンライン小説サイト Berry'café p.20

(8) 以下の部分も含め「伝説の町・本牧」『横濱』12号（2006）

(9) 本牧のあゆみ研究会編『本牧のあゆみ』〈1986〉pp.67-69

(10) 前掲8文献のp.33

(11) 前掲5『ザ・ゴールデンカップスの全て』p.100

(12) 前掲5『ザ・ゴールデンカップスのすべて』巻末活動スケジュール表より作成

(13) 前掲5『ザ・ゴールデンカップスのすべて』pp.200-203

(14) 横山剣『クレイジーケンの夜のエアポケット』ぴあ株式会社（2007）pp.50-51

米軍基地の闇と光

アメリカの世界戦略の下でのアジアへの米軍基地の展開は，受け入れ地域，国に多大な影響を与えてきた。表面的には対等なはずのアメリカと基地受け入れ国，地域との関係は，アメリカの圧倒的な軍事力，経済力の前に，ともすれば一方的な関係を作りだしてきた。基地の周辺ではアメリカ兵のおこす犯罪が多発し，刑事裁判権をめぐって様々な問題が発生した。受け入れ国，地域側に刑事裁判をおこすことができないケースが多く，その不満が犯罪による被害感情を増幅させ基地反対，反米運動につながった。冷戦終了後も，アジアで特に米軍基地が多い日本，中でも沖縄ではこの問題は深刻で，根強い基地撤去運動をおこしてきた。

一方，米軍基地は基地内で働く労働機会を地元住民にもたらし，基地周辺には米兵，軍属，その家族たち用の多くのサービス業が成立した。ドルが強かった時代には，米兵が週末に散財するドル紙幣に群がるように飲食業，性的サービス業などのネオンの店が基地周辺に派手な原色と騒音をもたらした。ロックンロール，リズム＆ブルース，ジャズなどの音楽や，ファッションなどは，若者を中心に熱心に受容，アレンジされ，基地周辺はアメリカ文化が広まる拠点となった。

ベトナム戦争の頃は特に基地周辺は騒然としており，沖縄のコザ暴動のようにアメリカ軍の圧政や人権侵害に対する暴動が発生する一方で，アメリカの音楽やファッション，飲食を愛する熱狂も渦巻いていた。銃器事件も頻発するなかで結局，MPに治安を依存せざるを得ない状況は，基地に対する愛憎，闇と光が入り混じった

アナーキーな空間を生み出していた。

　冷戦終結後，アジアからかなりの米軍基地が撤収したが，日本にはいまだ多く存在しており特に沖縄に集中している。沖縄では現在でも米軍基地の光と闇は健在であり，本土で米軍基地がもたらしたものが懐古的に語られるのに対して，沖縄では今そこに生々しく存在するものである。

〔参考文献〕
●林博史『米軍基地の歴史——世界ネットワークの形成と展開』吉川弘文館（2012）
●難波功士編『米軍基地文化』新曜社（2014）

おわりに

　近代の不管地は外国勢力が絡んだものが特徴的である。租界，租借地，鉄道付属地など欧米列強，日本が様々な権益，利権を求めて進出した地域には，管轄の不明瞭な，あいまいな場所が形成される場合があった。そこは諸外国，中国の政治，軍事，経済的力関係がぶつかる場所でもあった。管轄のあいまいさを利用して移民，難民，諜報機関，共産党，左翼系文化人，秘密結社，アヘン業者など様々な人々が集まった。租界の消滅により外国が絡んだ不管地は消滅したが，中華人民共和国の成立以降は台湾国民党との対立，国境を越えた漢族の進出，華僑・華人世界の拡大により，中華系不管地として国外に形成される傾向が出てきた。

　現代において中国国外で中華系不管地が成立するとすれば，現地の国家，地方行政レベルでの行政，治安管理が混乱，機能不全に陥っている状況下で，華僑・華人系住民や一時的移民，労働者，非合法集団などが何らかの政治的意図を持ち現地の管理権を握る場合，非合法的ビジネスを行う場合や，加えて華僑華人側が現在台頭してきた台湾独立派に一部が同調する形で分裂した場合など，極めて特殊な場合といえるが，国際情勢，地域情勢の動向によって可能性は残っている。その意味で中華圏の時空間の枠組みの中で不管地をとらえる必要があり図化すると図73（次ページ）のようになる。

　中国国内では伝統的な不管地は行政 A，行政 B の間に形成されてきたが，近代になると行政 B と租界 A，租界 A と租界 B の間に新

243

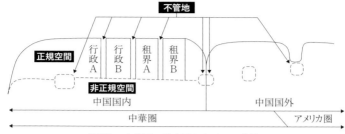

図73　中華圏の時空間における不管地

たに不管地が形成された。近代では行政の単位には軍閥の勢力圏も含まれる。また清朝や中華民国（北洋政府，国民政府）の統治力の減退に伴い国境に近い辺境地帯にも不管地が出現した。中国共産党は，これらの不管地に革命根拠地として拠点を置き，そこからまず非正規空間を支配下に置くことで下からの革命を起こした。

　国外では中華人民共和国成立後，中国と国境を接する地帯で現地政府，行政機関の統治，管轄力が弱いところに中華系不管地が出現した。海外のチャイナタウンでも現地政府の統轄力が弱い時期には不管地的状態になりやすい。習近平政権が進める一帯一路政策のもとで中華圏の一層の拡大が見込めるなかで，今後はむしろ国外に不管地が出現する可能性がある。

　では国内はどうであろうか。中華人民共和国成立後，中国国内には外国が絡んだ不管地は存在しないし行政境界が絡んだ不管地も存在しない。現在の国内には所属が曖昧な，またその曖昧さを利用した不法拠点，反政府拠点が存在しないことは，習近平政権に異議を唱える新公民運動の参加者が政権からの弾圧を逃れ逃亡する過程において，国内にはほとんど身を隠す場所がなかった，あるいはあっても追手がすぐ迫ってきたという体験記からもそれ

244

はわかる。[1] 国内に張り巡らされた治安，諜報，監視の目は不管地なるものの存在を許さない。これは中国共産党自身が不管地と深い関係があったからである。上海クーデター以前の上海においては滬北越界路空間，地方では省や県の行政境界に活動の拠点や革命根拠地に拠点を置いていた中国共産党は，不管地をそのままにしておくとどういうことになるかよくわかっていた。建国以降，現在の政権まで手綱は緩めなかったとみていい。ただコラムでふれたような生活領域で発生した不管地を除いて，一定の領域を持つ不管地は存在しない。

　居民委員会により社会基部までコントロール下に置こうとする中国共産党の支配下では，政治的，行政的に管轄のあいまいな場所やそこに拠点を置く集団の存在は基本的には許されない。ただし，中国には伝統的に一般的に民間経済といわれ非合法ではないが非公式である経済の仕組みが日常的に存在し，非正規の空間がある。これは基本的には現代以前から存在してきたものであり，地縁，血縁に基づいたネッワーク性を持った空間であり中華圏の基層に広くみられてきた。基層の非正規空間が正規空間を蚕食する事例は現代でもみられる。[2] 特に正規空間の統治力が減退したり腐敗した場合はその傾向が強い。

　現在国内に体制側に問題となるような不管地が存在するとすれば，この正規空間と非正規空間の間に位置する，行政そのもの，具体的には地方行政府がまるごと不管地となる事態である。改革開放以後，中央政府が主要な税対象の財源を独占化し地方政府は自ら財源捻出をやらざるを得ない中で再開発に名を借りた土地の買い占め，販売などに在地の不逞の輩と結託し地方政府自体が

黒社会化する事例が90年代から全国に見えだした。中央政府に対しては面従腹背で中央政府のインフラ投資の利権にはすがるが，一方では利権の独占化を行い非正規空間の反社会集団を利用し民衆の権益を収奪し黒社会化する事例が増加した。図73の最も左の不管地が現在の中国国内で形成されかねない不管地である。現在の習近平政権は汚職摘発，治安強化によりこのような不管地化しかねない地方政府の監督，弾圧に力を入れ，一方では中央政府のインフラ投資に依存せざるを得ないようにして様々な面で地方政府の中央従属体制を作ろうとしている。そうしなければ正規空間と非正規空間の間に不管地が形成されかねないからである。

　その意味では不管地は時間的には過去から現在まで，空間的には中国の内外の中華圏に広く存在してきたともいえる。非正規空間が正規空間の隙間に入り込む形で不管地は形成され，隙間の形成要因が時代，場所によって異なるというのが中華圏の時空間の特質の一つではないかとみられる。

　ただ，これまで取り上げてきた近現代の不管地は，所属，管理が不明，あるいは曖昧であることから，不法な取引が行われる場所，秘密結社を注とした非合法集団が集まる場所としての特性がどうしても目立つ傾向がある。しかし不管地には，一般民衆，移民，難民にとっての避難所というアジール的役割があったこともこれまでの不管地の事例で明らかである。このアジール的役割が中華圏の国内の非正規空間，国外のエスニック空間とも共通する特質の一端である。

　現代において国際法的，国内法的に不管地は認められない存在であるとすれば，開放特区などの一定の法律的保護により避難

おわりに

所的役割を果たす場所が必要ではないかと思われる。例えば，中国の大連は近年の中国における反日暴動の際，ほとんど日本企業や日本人に対する攻撃がみられなかった地区である。日本企業の進出が多く親日的な土地柄もあり，中国で日本人が駆け込める数少ない避難所ではないかとみられる。国外で存在が認められるとすれば，避難所的役割を持ったアジールとしての不管地である。

では日本をはじめ海外に中国人が駆け込める避難所はあるのだろうか。戦後の香港は中華圏の中でそのような役割を果たす場所であった。その中には九龍寨城もありいわば二重の避難所があった。九龍寨城が撤去され香港が中国へ返還された後も一国二制度のもとで，自由な政治活動が保証されていたはずであったが，最近の雨傘運動に象徴されるように共産党政府の統制，弾圧が強くなり，避難所的地位は危うくなっている。では世界中に広がったチャイナタウンはどうであろうか。これまでチャイナタウンは反中暴動が起こった時，その場所や時期によるが真っ先に攻撃の対象となってきた。非常時においてはチャイナタウンレベルだけでは避難所にはなりにくいのが現状である。

古いチャイナタウンを中心とし中国との歴史的交流があった地域で，新華僑の投資，保護を含めた特別区を造ろうとする住民の意識がどれほど高まるのかが鍵となる。ただ改革開放後，世界に進出した新華僑は反中国的な傾向は弱く，中国の進める経済成長に海外から協力する姿勢にある。習近平政権が進める一帯一路政策にはむしろ積極的に参加する傾向が強い。現在の中国政府も世界中に存在する華僑資本とも密接に連携を取りながら中華圏の拡大を狙っているかのようにみえ，中国政府，新華僑両者への警戒

は世界各地で少なからずみられる。今後の中華圏において避難所としての不管地の必要性は高まるのだろうか，台湾の動向も含め注目していきたい。

　また，中華圏だけでなくアジア全域に視野を広げた場合，図73の右から2番目のような位置にあるチャイナタウンで在地行政の管理が強固な場合は不管地にはなりにくい。しかし図73の最も右の不管地のように中華圏とアメリカ圏が交錯する場所——終戦後の横浜のような事例——では，在地の管理体制の混乱が関わってアナーキー性の強い空間が形成される場合が出現する。チャイナタウン，連合軍接収地，米軍基地が絡まってできた空間は，政治的だけでなく文化的でもあり異文化受容と伝播の拠点となった。終戦直後からベトナム戦争までの冷戦の最盛期下での類似した事例はアジアのみならず世界各地でみられたと思われる。冷戦は，中台対立，朝鮮戦争，ベトナム戦争などにつながり，アメリカ，ソ連，中国などの軍事大国化を促進させ，それらの影響が軍事基地の進出，革命の輸出，反政府勢力への支援などという形で現れ，外国勢力が関係した不安定な，あるいは様々な要素が入り混じった空間が出現しやすい時期がしばらく続いた。この時期にゴールデントライアングルは形成され，香港の九龍寨城は成長，高層化し，横浜中華街，本牧はアナーキー色を強めた。

　1990年代のソ連の解体に伴う東西冷戦の終結は，アメリカの政治，軍事，経済の一極的影響力をアジア・アフリカに及ぼした。香港もイギリスから中国に返還され，返還の前に九龍寨城は解体された。しかし東西冷戦の終結は一方で民族，宗教間の対立を顕在化させ，アメリカの世界戦略と相まって特に中東の不安定化が

進展した。2008年のリーマンショック以降，アメリカのヘゲモニーは弱体化するなかで，ロシアはプーチン大統領の下でかつてのロシア帝国のような存在を目指すかのような政策を取り，東・東南アジアでは北朝鮮の核戦略が顕著となり中国が習近平政権の下で南シナ海の諸島を占領し領土紛争を引き起こすなど不安定化があらわれ，西アジアではISIL（自称：イスラム国）がシリア，イラク，トルコ国境付近の一帯の管理があいまいな地域に過激なテロ組織支配地域を形成した。

新冷戦の時代ともいわれる現在，不安定要因は一時的，局地的で終わるのか，拡大するのか不透明だが，グローバリズム，ナショナリズム，ローカリズムが混然一体となっている現状の中で，サイバー空間の中を含め新たな不管地が形成されていくのか，複数の国家協調の下での国際的な特区に類似したものになるのか等，広く関心を持ってみていきたい。

本書は以下の拙稿に大幅に加筆・修正を加えてまとめたものである。

▽1章「中国の地域区分論の現状と課題」文化人類学8（1990），「不管地の歴史地理 ── 中国的アナーキー空間の諸相」地域総合研究，23－2（1996）

▽2章「上海越界路空間の不管地性」鹿児島国際大学国際文化学部論集，15－3（2014）

▽3章「天津三不管の形成と都市化」鹿児島国際大学国際文化学部論集，6－3（2005）

▽4章「長春三不管とペスト」鹿児島国際大学国際文化学部論

集，14－1（2013）

▽5章「韓辺外序説」鹿児島国際大学国際文化学部論集，9－2（2008）

▽6章「香港九龍寨城の不管地空間」鹿児島国際大学国際文化学部論集，16－3（2015）

▽7章　書き下ろし

▽8章「戦後の横浜中華街の不管地性」鹿児島国際大学国際文化学部論集，16－4（2016）

▽9章「ゲートウェイ横浜の洋楽の受容と伝播 ── ザ・ゴールデンカップスの活動を通して」鹿児島国際大学国際文化学部論集，17－1（2016）

　本書は前著『中華郵便局の歴史地理』中国書店（2012）に続く中華圏の時空間研究の続編とすると同時に今後，アジア，あるいは世界に広く視野を広げていく序論としたいが，各章に残された課題は多く，それらの追求を今後も行っていきたい。本書の出版にあたって中国書店の川端幸夫さん，原篤さんに御世話になり，studio katati の玉川祐治さんには装幀，図表などで御面倒をお掛け致しました。御礼申し上げます。また本書は前著に続いて鹿児島国際大学からの出版助成を受けました。記して感謝の意を表します。

【注】
（1）第 VII 章注1　顔文献。
（2）何清蓮『中国現代化の落とし穴』（坂井臣之助，中川友訳，2002年，草思社），『中国の地下経済』（富坂聰，2010年，文藝春秋）。

索引（五十音順）

アルファベット

AREA1　227-229, 231-232, 237-238

AREA2　220, 227, 237

GHQ　188-189, 191-192, 206-207

GI ベイビー　210

MP　191, 194, 199, 232, 241

R&B　213, 217, 219-220, 222, 233-234, 238-239

あ行

アジール　5, 52, 93, 115, 133, 162, 246-247

アナーキー　5, 17, 162, 212, 232, 239, 242, 248-249, 256

アヘン　15-16, 51-52, 144, 168, 174, 177, 181, 194-195, 243

阿片　59, 91, 93, 105, 181

アメリカ圏　6, 212, 248

イギリス　14-15, 21, 27-28, 43, 85, 98-99, 137-140, 142-143, 146-147, 154, 160-162, 165-166, 175, 222-223, 228, 248

一帯一路　5, 17, 183, 244, 247

移民　120, 124-125, 133, 135, 143, 148, 151, 158, 160, 164, 197, 243, 246

インキュベーター　146

インフォーマルセクター　58, 93

内山完造　20, 34, 53

エキステンション　20, 45-46, 56

大山中尉　45, 54

オフリミット　214, 220

か行

開港場　20, 55, 58, 78, 89, 92, 119

外人バー　184, 199-202, 205-206, 218, 221, 229-230

華界　15-16, 24-25, 35, 42, 49, 52, 58-60, 62, 68-69, 71, 75, 78-79, 81, 83-85, 91-93, 98

覚醒剤　166, 181, 194

革命根拠地　6, 13, 244-245

カップス　213-216, 222, 230-240, 250

管轄　15, 18, 21-22, 25-26, 31, 34-36, 43, 45, 49, 52, 56, 58-59, 62, 71, 79, 92, 99, 101, 109, 139, 143, 146-147, 149, 166, 174, 182, 195, 243-245

韓憲宗　119-120, 123-128

寛城子　101-106, 111-113, 116

緩衝地帯　102, 106

韓登挙　128-130

関東軍　56, 103, 105, 108, 110-113, 115

管理　4-6, 11, 13, 16-22, 26-28, 34,

37, 41, 49-52, 56, 58-59, 62, 68-69, 71, 78, 87, 92, 118, 130, 135, 137, 139-140, 143, 145, 147-148, 150, 153-154, 157-158, 160, 162-163, 177, 182-183, 185, 196, 207, 210-211, 243, 246, 248-249
官僚制国家 5, 7, 19, 117

妓院 59, 68-69, 72, 75, 77, 83, 88, 91-93
北四川路 20, 28-32, 34, 46, 55-56
客郵局 13-14, 55-56
行塩地 10-11
境界 5-7, 9-11, 13-16, 18-22, 34-35, 58-59, 78, 81, 90-91, 93, 98, 117, 137, 164, 185, 244-245
共産党軍 167, 169
共同租界 15-16, 20-22, 24, 27-28, 30-32, 35, 37-38, 41, 43, 45-46, 52, 55-56, 58
夾皮溝 123-131, 133-134
金匪 120, 124-125, 134

愚園路 39, 41, 45, 50
クラブ 195, 200-201, 210, 214-215, 217-219, 221, 227, 230, 234, 238
黒社会 58-59, 246
クンサー 171, 173-175, 178
軍閥 13, 32, 73, 79, 81, 85, 87, 92-93, 100, 166, 174-177, 180, 244

景雲里 33-35

警察権 21-27, 32, 45-46, 50-51, 53, 56, 71

黄金栄 15-16
鉱権 130-131
国民党軍 17, 117, 163, 166-171, 173, 175, 180

さ行

再開発 72, 84, 88, 93-96, 115, 163, 245
左翼系文化人 32, 37, 243
左連 32, 34
山寨 18-19
三省交界 11, 13

ジェスフィールド路 47-48
ジェスフィールド76号 40, 46, 49-50, 54
自治権 121, 130, 179
ジャズ喫茶 232-235, 239
シャン州 166, 168, 170-171, 173-179
主権 14, 20-22, 26, 30, 42, 46, 51, 53, 55, 71, 140, 158, 176
城砦福利会 145-149, 153-157

スラム 32, 42-43, 58-59, 103, 106, 113, 115, 147-148, 151, 161-162

正規空間 18, 244-246
接収地 186-187, 211-212, 214-215, 227, 248

漸移地帯 5, 9

た行

タイ 17, 165-169, 171-173, 177-178, 180
第三京浜 232, 235, 238

治安 62, 78, 88, 90-91, 93, 96, 103, 113, 125, 136, 143, 148, 151, 153-155, 171, 180, 189, 197, 199, 201, 241, 243, 245-246
地域区分 7, 9, 17, 249
治外法権 32, 90, 187-189, 192-193, 206
卡子 3, 117-118
チャブ屋 205, 219, 221, 225-226, 228-229, 231, 238-239
中華圏 5, 6, 52, 184-185, 208, 212, 243-248, 250
中華人民共和国 15, 16, 18, 143, 146-147, 158, 160-162, 165, 178, 204, 206-207, 243-244
中華民国 15, 27, 46, 50, 60, 69, 139, 142-143, 162, 244
青幇 15, 76, 82, 85, 91-93

鉄条網 46, 111, 117-118
鉄道付属地 13-14, 100, 102-103, 243

杜月笙 15-16
都市インフラ 62, 79, 87, 94, 102

賭博 15-16, 50-52, 59, 77, 125, 143-144, 149, 156, 195

な行

731部隊 108-110, 113, 116
南市 4, 60-62, 66-72, 74, 77-78, 81, 83, 85, 87-88, 93-98
難民 32, 52, 85, 117-118, 140, 151, 163, 243, 246

日本租界 56, 59-62, 66, 68-69, 72, 74, 75, 78-79, 81-82, 85, 88-89, 91-94, 96

は行

八仙橋 15

非合法 52, 162, 178, 190, 243, 245-246
非正規空間 18, 244-246
避難所 246-248
秘密結社 6, 52, 58, 143-144, 146, 149, 156, 243, 246
ビルマ 17, 165-171, 173-178, 181
ビルマ共産党 17, 170, 173-178
貧困層 83, 92, 103, 106, 111, 113

フェンス 214, 217, 220, 224, 227-228
フランス租界 15-16, 20-21, 25-27, 35-38, 41, 43, 45-46, 52, 59-60, 81-82, 94, 98

iii

米軍　190, 192-194, 197-201, 205,
　　207, 209-210, 214-217, 219-222,
　　227-230, 238-239, 241-242, 248
米軍住宅地　205, 219-220, 227, 229,
　　238-239
ベトナム戦争　201, 206, 215, 218,
　　230, 237-239, 241, 248
ヘロイン　144, 171-172, 195-196

ま行

魔窟　113, 137, 144, 147, 162
麻薬　16, 143-144, 149, 155-157, 165-
　　166, 169-173, 175, 180-181, 194-
　　198
満鉄付属地　56, 100, 102, 103, 119

ミャンマー　165-166, 169, 171-173,
　　175-181

や行

闇市　187-188, 190, 198, 203, 206
闇物資　189-191

予備租界　14, 59-62, 66, 71, 79, 82,
　　89, 92-93, 98

ら行

リトルアメリカ　187-188, 193-194,
　　197, 207, 239

ロシア　14, 21, 28, 55, 100-103, 115,
　　119-121, 123-124, 128-129, 133,

135-136, 249
魯迅　34-37, 53

森勝彦（もり・かつひこ）

1953年, 鹿児島県生まれ。東京教育大学文学部卒業。筑波
大学大学院歴史・人類学研究科博士課程単位取得退学。
2001年, 北京大学城市環境学系留学。現在, 鹿児島国際
大学国際文化学部教授。

不管地の地政学 アジア的アナーキー空間序論

令和元年（2019年）9月26日　第1刷発行

著者 ……………… 森　勝彦

発行者 ……………… 川端幸夫

発行 ……………… 中国書店
〒812-0035 福岡市博多区中呉服町5番23号
電話 092-271-3767　FAX 092-272-2946
http://www.cbshop.net/

装幀・造本 …………… 玉川祐治

印刷・製本 …………… モリモト印刷株式会社

©2019 Katsuhiko Mori. Printed in Japan
ISBN 978-4-903316-65-9 C3025